lelivrescolaire.fr
Éditeur de manuels scolaires collaboratifs et innovants

W0359508

CE1

Les maths avec Méli

FICHIER DE L'ÉLÈVE

Mon prénom :

....

Cet ouvrage est conforme à la nouvelle orthographe
www.orthographe-recommandee.info

Certifié PEFC
Ce livre est issu de forêts gérées durablement et de sources contrôlées.
PEFC 10-32-2813
pefc-france.org

IMPRIM'VERT
Votre imprimeur agit pour l'environnement

La communauté

Sous la direction de Delphine Mondary,
conseillère pédagogique de circonscription Le Chapus (17)

Avec la collaboration de Maxime Gaillard,
professeur au GS13 (38)

Le comité scientifique

Marie-Line Gardes, professeure en didactique des mathématiques à l'HEP Vaud (Suisse)

Laurent Moutard, IEN, académie de Rennes (56)

Fabien Vallier, IEN, académie de Grenoble (38)

Sébastien Ducoroy, conseiller pédagogique de circonscription Montereau (77)

Muriel Grandclément, conseillère pédagogique de circonscription Lyon 7 – La Mulatière (69)

Les 4 autrices et auteurs

Amélie André, professeure à l'école élémentaire du Bourg (45)

Carine Balestié, conseillère pédagogique de circonscription Saint-Jean-de-Vedas (34)

François Degorce, conseiller pédagogique de circonscription Goussainville (95)

Audrey Guinchard, professeure à l'école élémentaire Georges Lapierre (94)

Les 66 coautrices et coauteurs

Académie d'Aix-Marseille

Angélique Langlois, professeure à l'école élémentaire Sainte-Cécile (13)

Académie d'Amiens

Valérie Cornelis, professeure à l'école élémentaire Ferdinand Buisson (60)

Aurélie Millon, professeure à l'école élémentaire Louisette Wattier (60)

Touria Zai, conseillère pédagogique de circonscription (60)

Académie de Besançon

Joëlle Roussillat, professeure à l'école primaire Jules Ferry (25)

Académie de Bordeaux

Jessica Nougaro, professeure à l'école élémentaire Le Bourg (33)

Académie de Créteil

Mohamed Abou-Maslem, conseiller pédagogique de circonscription (93)

Rebecca Chaufour, professeure à l'école élémentaire Montaigne (94)

Lamia Diame, professeure à l'école élémentaire Henri Quatremaire (93)

Amélie Féodon, professeure à l'école élémentaire Simone Veil (93)

Anne Gavid, professeure à l'école primaire Les Tilleuls (77)

Baptiste Kokinopoulos, conseiller pédagogique de circonscription (77)

Jérémy Martin, professeur à l'école élémentaire Louis Pasteur (93)

Séverine Mathieu, professeure retraitée (94)

Aurélie San Michele, conseillère pédagogique de circonscription (94)

Anne Vasset, professeure à l'école primaire Jehan de Brie (77)

Académie de Dijon

Sandrine Antoine, professeure à l'école élémentaire de Moutiers-Saint-Jean (21)

Académie de Grenoble

Lucie Chapelle, professeure à l'école primaire Thévenon (38)

Neusa Gallice, professeure à l'école primaire de Massieu (38)

Marine Girardi, professeure au collège Théodore Monod (74)

Mélania Nault, coordinatrice ULIS à l'école primaire Jean Moulin (38)

Camille Noppe, professeure à l'école primaire René Lecocq (59)

Alexandra Santos-Genet, professeure à l'école élémentaire de Jongieux (73)

Académie de La Réunion

Sandrine Babe Genebrier, professeure à l'école primaire Les Palmistes (97)

Académie de Lille

Joséphine Arnoux, professeure à l'école élémentaire Copernic (59)

Caroline Bonhomme, professeure à l'école primaire Léon Blum (62)

Florence Calais, professeure à l'école primaire Felix Vanoverschelde (59)

Marie-Christine Duflos, professeure à l'école Sainte Jeanne d'Arc (62)

Céline Gamache, professeure à l'école élémentaire Basuyaux (59)

Académie de Lyon

Sarah Aubert, professeure à l'école élémentaire Irène Joliot Curie (69)

Audrey Ayne, enseignante spécialisée au groupe scolaire Jeanne d'Arc (69)

Marie-Pierre Fernandez, professeure à l'école primaire Claudius Fournion (69)

Aurélie Pitalot, conseillère pédagogique de circonscription (01)

Marion Pouget, professeure à l'école élémentaire Robert Doisneau (69)

Émilie Tremey, professeure à l'école élémentaire Simone Veil (69)

Académie de Nantes

Élodie Mirow, professeure à l'école primaire Georges Jean (72)

Académie de Nice

Nadège Bottini, professeure à l'école primaire d'application La Bastide (06)

Académie de Normandie

Anissa Bendjeraba, professeure à l'école Saint-Joseph à Oissel (76)

Manon Cosne, coordinatrice ULIS à l'école élémentaire d'Aunay-sur-Odon (14)

Noémie Lebouteiller, professeure à l'école élémentaire Albert Camus (14)

Anne-Sophie Lenarduzzi, professeure à l'Institut Médico-Éducatif de Ségur (61)

Cécile Tessier, professeure à l'école primaire Maurice Genevoix (76)

Académie de Orléans-Tours

Audrey Chêne, professeure à l'école primaire Bertha Harjes (28)

Sophie Langlais, professeure à l'école élémentaire de Quantilly (18)

Académie de Paris

Émilie Corrège, conseillère pédagogique de circonscription (75)

Marion Foucault, professeure à l'école primaire Armand Carrel (75)

Xavier Orry, professeur à l'école La Rochefoucauld (75)

Académie de Poitiers

Émilie Bourgeois, professeure à l'école Camille Desmoulins (86)

Yves Prophète, chargé de mission (86)

Académie de Reims

Floriane Cattin, coordinatrice ULIS à l'école primaire Clovis Jacquiert (51)

Académie de Rennes

Émilie Chembel, professeure de l'académie de Rennes (35)

Mélanie Renais, professeure à l'école Sainte Anne-Saint Joseph de Pacé (35)

Académie de Strasbourg

Carole Bacelos, professeure à l'école primaire de Schleithal (67)

Frédérique Eggemann, coordinatrice ULIS à l'école élémentaire Charles Perrault (68)

Audrey Rasser, professeure à l'école élémentaire Adelaïde Hautval (67)

Académie de Toulouse

Gary Morra, professeur à l'école élémentaire de Frégouville (32)

Pauline Viala-Loy, professeure à l'école élémentaire de Miremont (31)

Académie de Versailles

Bérénice Gaulier, professeure à l'école primaire Gérard Philipe (95)

Lara Moutier, professeure à l'école élémentaire les petits crayons (78)

Gaëlle Nohaïc, professeure à l'école élémentaire George Sand (78)

Anne Ortu, professeure à l'école élémentaire du Champ des Oiseaux (78)

Julie Sakton, professeure à l'école primaire Yves Coppens (95)

Olivier Tonnaire, conseiller pédagogique de circonscription (92)

Étranger

Sandrine Brusset, professeure au lycée français de Vienne (AUT)

Laetitia Fornara, professeure à l'*International French School of Singapore* (SIN)

Cécile Hautemulle, professeure au lycée français du Cambodge (KHM)

Un projet collaboratif 100 % terrain

Croiser les regards, confronter les idées, réfléchir ensemble aux approches les plus pertinentes : « Les maths avec Méli » est la première méthode de mathématiques créée de façon collaborative avec une centaine d'enseignants, qui ont mis leur expérience en commun pour imaginer leur méthode idéale, une méthode différente, plus proche de la réalité du terrain.

Ce mode de fonctionnement collaboratif est unique dans le monde de l'édition scolaire. Rejoignez vous aussi l'aventure !

LLS.fr/communaute

Sommaire

Période 5

Résolution de problèmes

Fluence de calcul

◉ Repère de progression du programme

Num	Numération	Géo	Espace et géométrie
Cal	Calcul	Grd	Grandeurs et mesures
Don	Organisation et gestion de données		

Les maths avec Méli

Les personnages

Méli

Malo Sofia Amir Alia

Les pictogrammes de différenciation

Tu peux t'aider de matériel

Tu peux choisir la version que tu préfères

Tu peux travailler avec ton voisin

Les pictogrammes consignes

- Dessine
- Relie
- Colorie
- Écris
- Entoure
- Barre
- Coche
- Colle
- Complète
- Mesure
- Trace

Les outils de la méthode

Le fichier unique de l'élève

Le guide pédagogique

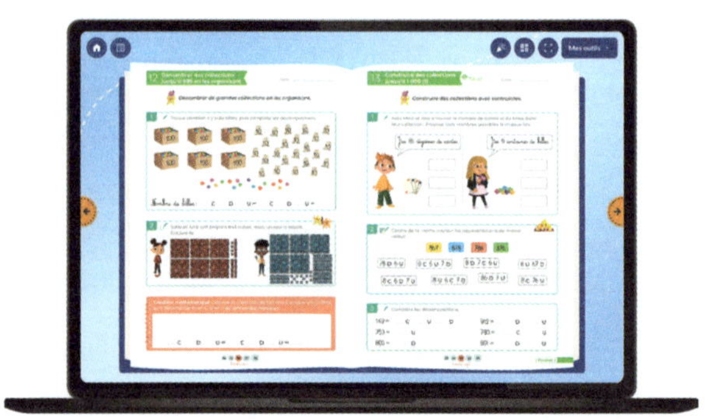

L'espace numérique 100 % gratuit

Mise en place de la méthode

4 h 30 de mathématiques par semaine découpées en :

4 séances de 1 heure
- **20 minutes** de rituels :
  - rituel de rebrassage 10 minutes
  - problèmes du jour 10 minutes
- **40 minutes** d'apprentissage

+

1 séance de 30 minutes
dédiée à l'apprentissage explicite de la résolution de problèmes, à faire n'importe quel jour de la semaine

Des exercices pour s'entrainer au quotidien

L'**objectif d'apprentissage** est clairement rappelé à chaque séance.

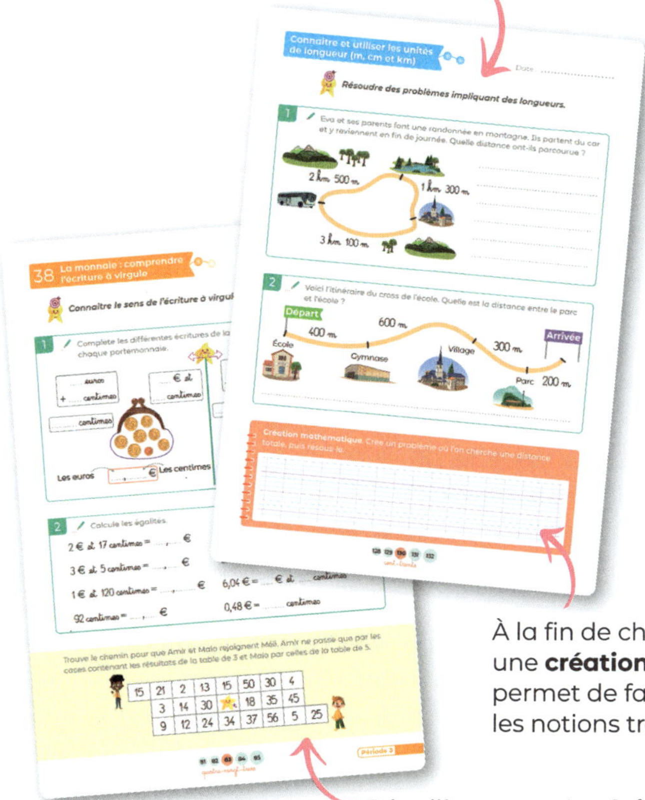

À la fin de chaque séquence, une **création mathématique** permet de faire le point sur les notions travaillées.

Régulièrement, des **énigmes** ou des **problèmes ludiques** sont présents en bas de page pour les élèves en avance.

Des pages pour apprendre à résoudre tous les types de problèmes du CE1…

… et pour entrainer sa fluence de calcul !

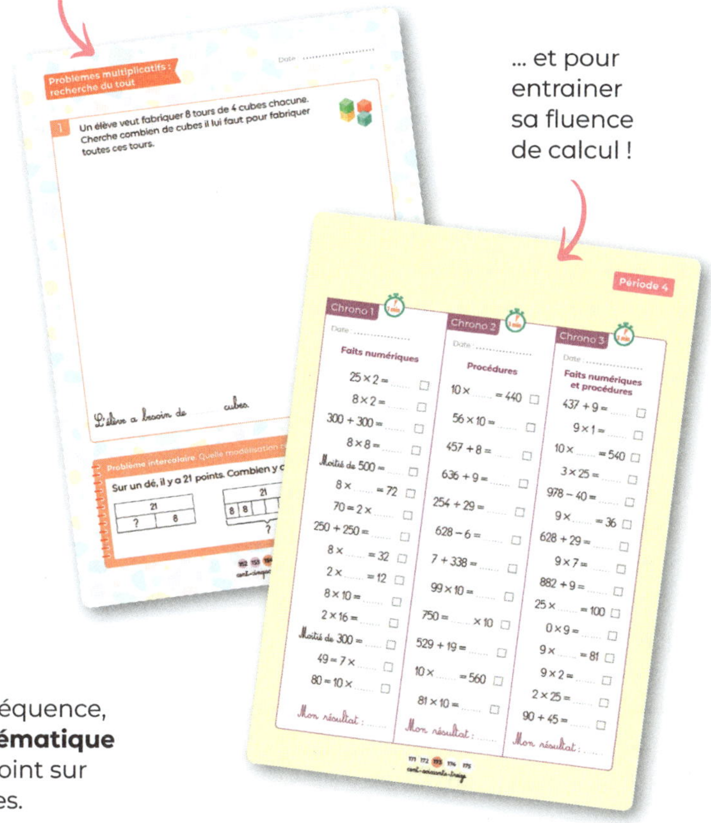

Des pages inédites à la fin de chaque période

Maths à la maison
Des propositions pour découvrir l'aspect concret des mathématiques en dehors de l'école.

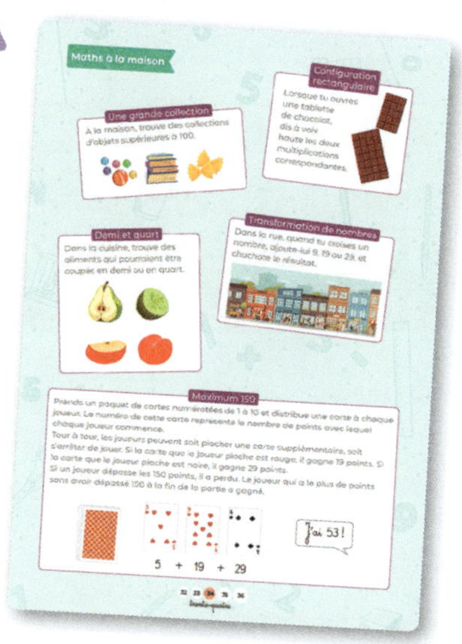

Escape game
Des aventures de Malo, Sofia, Amir, Alia et Méli aux formats papier et numérique pour réviser de façon ludique les notions apprises.

LLS.fr/MCE1Escape

Date : ....

Être prêt pour les apprentissages du CE1.

1 Écris les nombres dictés.

....

2 Complète les demi-droites graduées.

..... 70 71 .... 74 ..... 76 ..... 78 ..... 80 82

54 55 ..... 57 ..... 59 .... 62 63 ..... 65 ....

87 ..... 89 ..... 91 ..... 93 ..... 95 .... 98 ....

3 Place deux nombres sur chaque demi-droite graduée.

32 51

68 72

85 95

Création mathématique. Écris les points de ton équipe au jeu du lancer et calcule votre score.

Date : ....

Être prêt pour les apprentissages du CE1.

1 Effectue les additions ci-dessous.

...... + 8 = 15   9 + 9 = ...   5 + 4 = ...

7 + 7 = ...   6 + ... = 10   9 + 8 = ...

8 + 8 = ...   10 + 4 = ... + 7 = 13

2 Complète les demi-droites graduées.

54 [......] 56   39 [......] 41

98 [......] 100   79 [......] 81

60 [......] 62   80 [......] 82

Création mathématique. Écris le nombre de cubes que tu as apportés au jeu des cubes, puis représente-le en dizaines et unités.

Date : ....

Être prêt pour les apprentissages du CE1.

1 Complète les suites de nombres.

De 2 en 2 :

83	.....	.....	89	.....	.....	95
.....	.....	66	68	.....	72	.....

De 10 en 10 :

24	.....	44	.....	.....	74	.....
.....	49	.....	.....	79	.....	.....

2 Combien y a-t-il de cubes ? Complète.

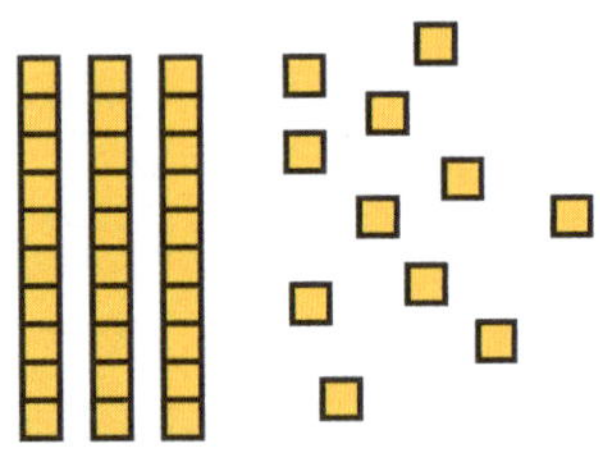

...... D + ... U = ...

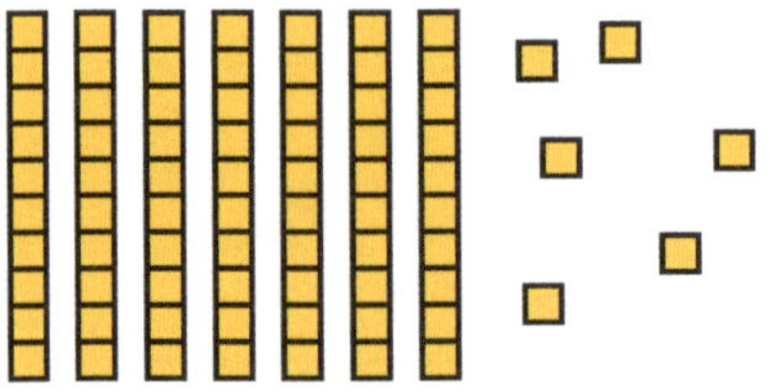

...... D + ... U = ...

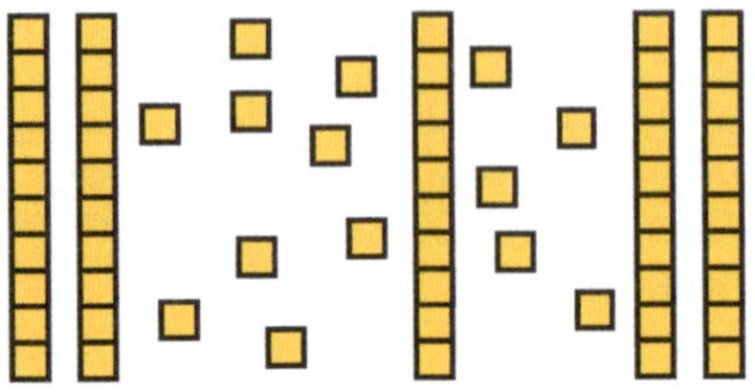

...... D + ... U = ...

...... D + ... U = ...

Création mathématique. Choisis un nombre inférieur à 100. Représente-le de différentes manières.

Date : ....

Être prêt pour les apprentissages du CE1.

1

Effectue les calculs ci-dessous.

Moitié de 16 = ...	15 + 13 = ...	...... + 12 = 36
17 + 15 = ...	Moitié de 20 = ...	15 + 15 = ...
20 + ... = 37	19 + 6 = ...	Moitié de 18 = ...

2

Retrouve les différentes représentations d'un nombre et colorie-les de la même couleur.

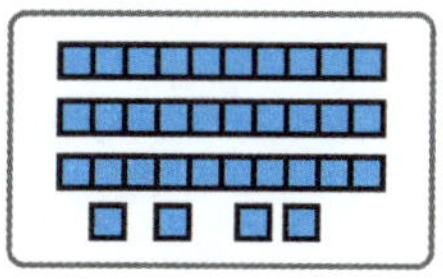

29 | 43 | 70 | 92 | 77 | 34

2 D + 9 U

10 + 10 + 10 + 10 + 10 + 10 + 10 + 7

90 + 2

10 + 10 + 10 + 10 + 10 + 10 + 10

20 + 9

3 + 40

9 D +2 U

7 D + 7 U

10 + 10 + 10 + 10 + 10 + 10 + 10 + 10 + 10 + 2

10 + 10 + 10 + 10 + 3

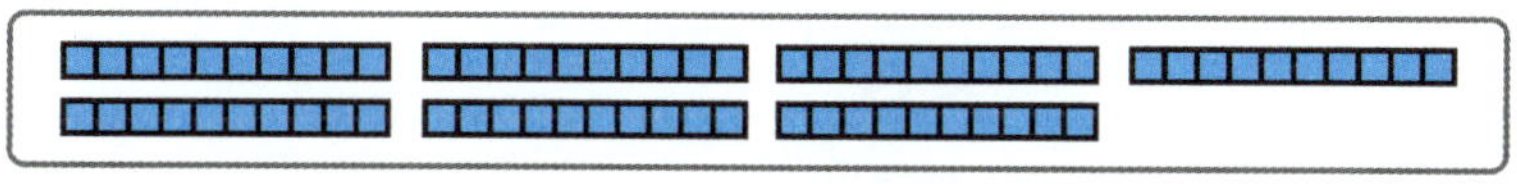

Création mathématique. Dessine le carton de loto que tu as créé.

1 Dénombrer des collections jusqu'à 599 en les organisant

Date : ....

Dénombrer des collections en les organisant.

1 Trouve combien il y a d'étoiles, puis complète la phrase.

Il y a .... étoiles.

2 Écris la décomposition des collections, puis complète les phrases.

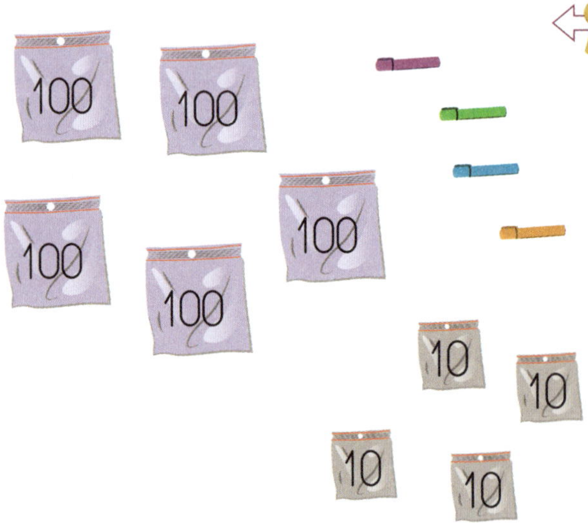

.... C .... D .... U

Il y a .... feutres.

.... C .... D .... U

Il y a .... feutres.

Dénombrer des collections jusqu'à 599 en les organisant

Date : ....

Dénombrer et comparer des collections d'objets.

1 Écris le nombre de cubes représentés dans chaque collection.

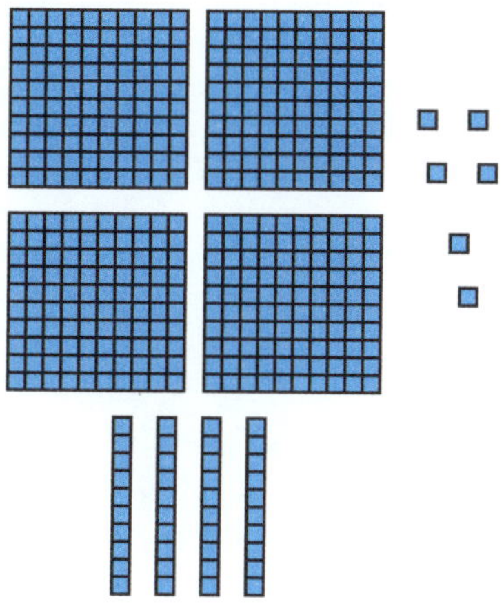

Il y a .... cubes.

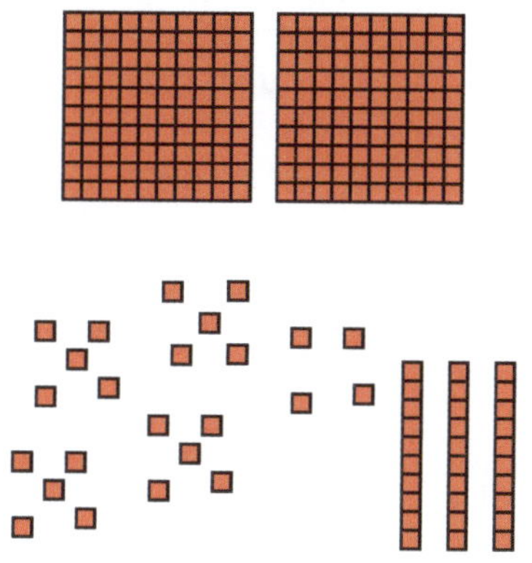

Il y a .... cubes.

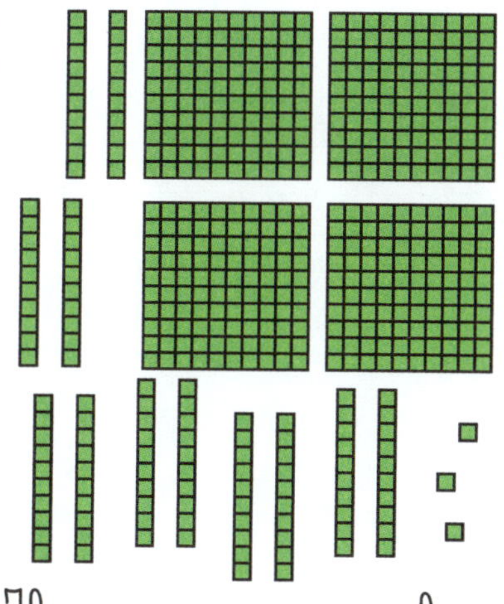

Il y a .... cubes.

2 Entoure 200 feutres pour montrer que Sofia a raison.

Création mathématique. Choisis un nombre et représente-le de deux manières différentes.

Mon nombre : ....

2 Construire des collections jusqu'à 599

Construire des collections de cardinal donné avec contraintes.

1 Représente les nombres demandés en utilisant uniquement le type de matériel indiqué, puis écris leur décomposition.

Matériel : 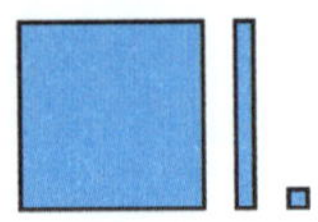

112 = ... C .... D .... U

Matériel : 

112 = ... D .... U

Matériel : 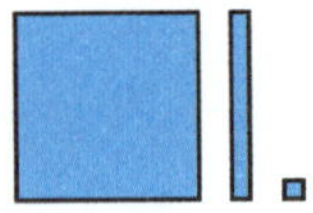

135 = ... C .... D .... U

Matériel : 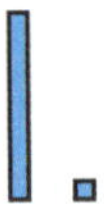

135 = ... D .... U

2 Barre la ou les collections qui ne représentent pas le nombre 367.

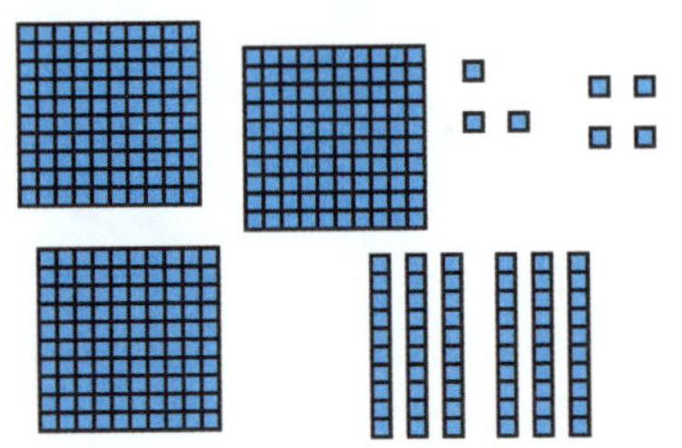

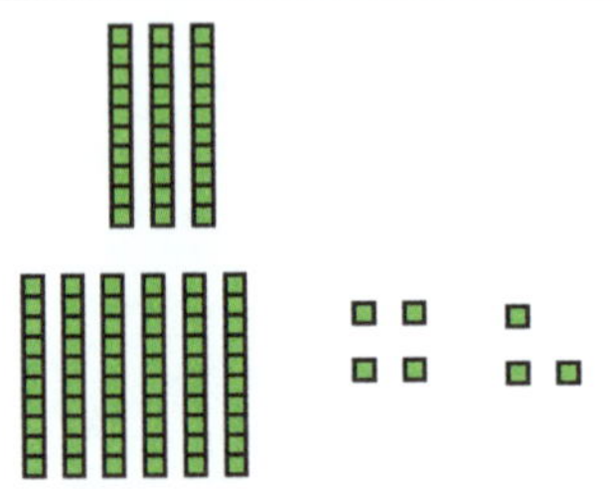

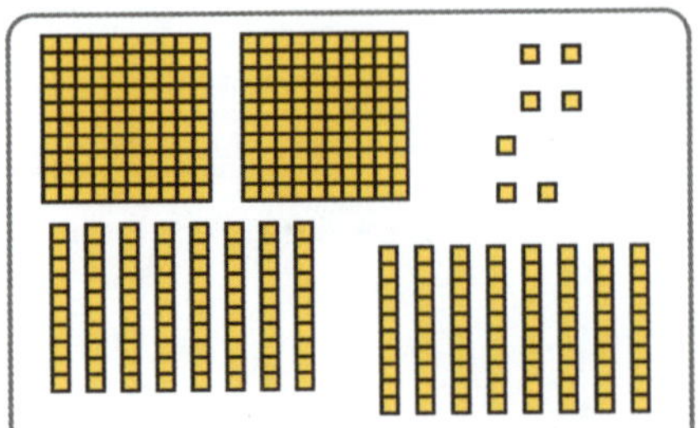

Date : ....

3 Complète les collections pour qu'il y ait le nombre demandé à chaque fois.

462

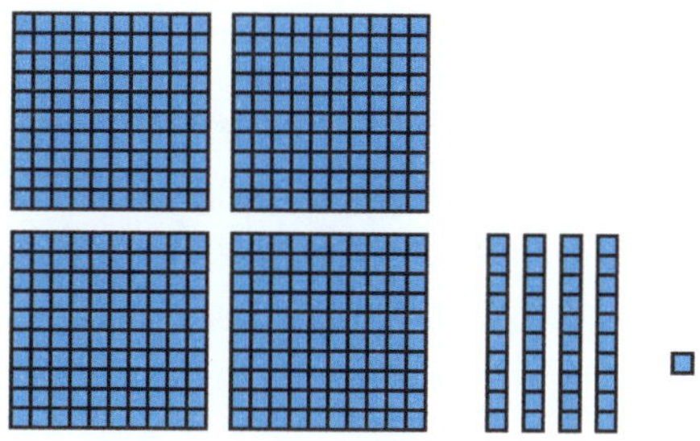

250

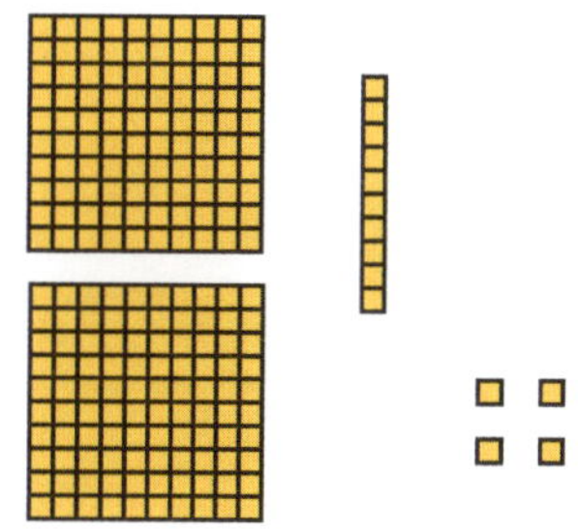

540

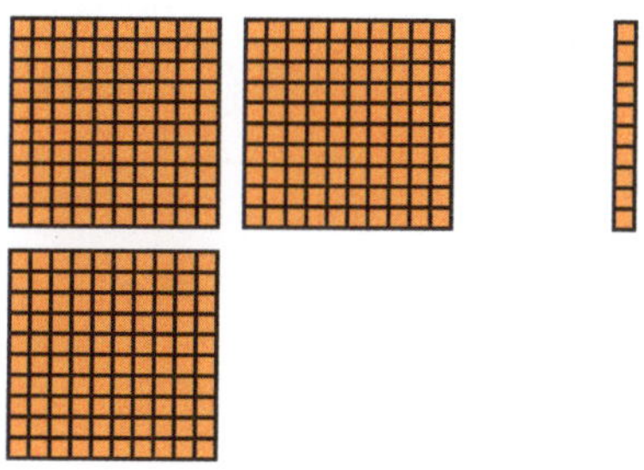

528

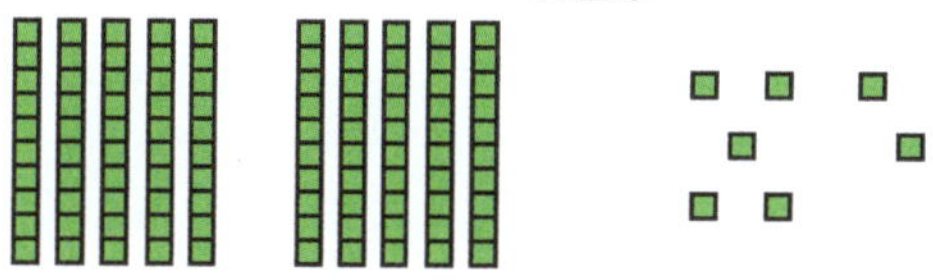

309

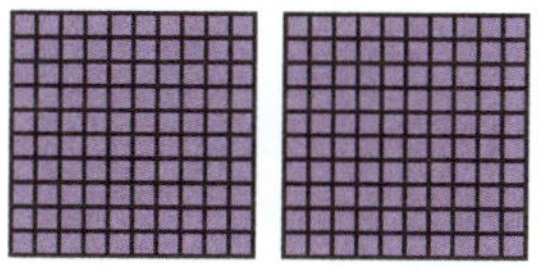

408

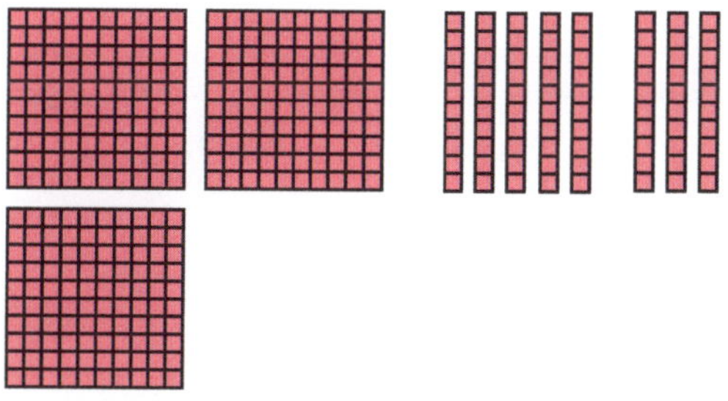

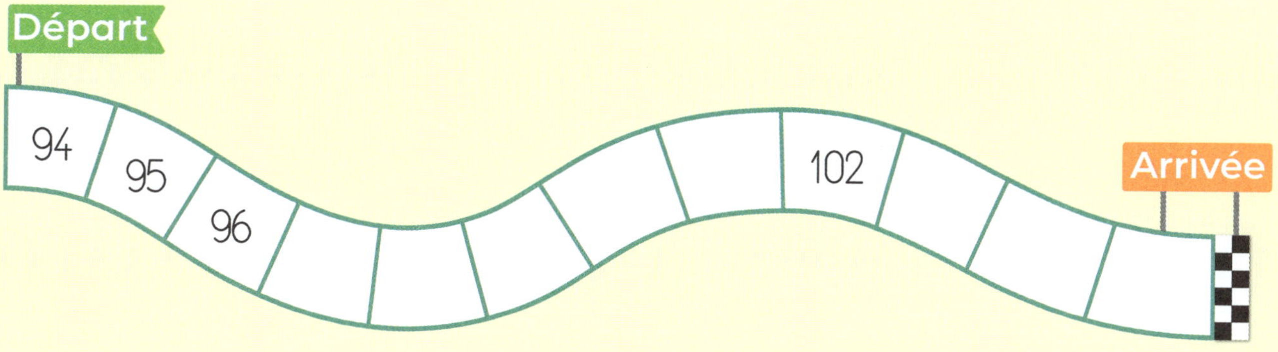

Date : ....

Décomposer un nombre.

1 Valide ou corrige les décompositions de nombres comme dans les exemples.

432 = 4 C 2 U 3 D ✓	364 = 3 C 4 ~~D~~ U 6 ~~U~~ D	592 = 9 U 5 C 2 D
420 = 4 C 2 D	203 = 2 C 3 D	149 = 4 D 1 C 9 U

2 Complète les décompositions additives des nombres.

513 = 500 + 10 + 3 = 5 C 1 D 3 U

284 = ... + ... + ... = ... C .... D .... U

365 = ... + ... + ... = ...

478 = ... = ...

Création mathématique. Choisis un nombre, décompose-le de différentes manières, puis représente-le.

.... = ... = ...

3 Utiliser la relation entre les unités de numération (1)

Date : ....

Connaitre et utiliser les relations entre unités, dizaines et centaines.

1 Colorie le nombre correspondant à chaque définition.

Mon nombre de dizaines isolées est 3. J'ai 6 unités isolées et 4 centaines.

364	634
436	463

Mon nombre d'unités isolées est 5. J'ai 2 centaines.

52	525
250	205

2 Utilise le tableau de numération pour trouver les nombres.

C	D	U

5 D 2 C 7 U = ...

3 C 5 D 14 U = ...

2 C 8 D = ...

3 U 20 D = ...

Utiliser la relation entre les unités de numération (1)

Date : ....

Utiliser les relations entre unités, dizaines et centaines pour écrire un nombre.

1 Trouve le nombre mystère de chaque partie.

Centaines	Dizaines	Unités
5		2 7

Nombre mystère : ....

Centaines	Dizaines	Unités
3 1	2	18

Nombre mystère : ....

Création mathématique. Invente un tirage à l'aide des cartes proposées, puis trouve le nombre mystère. Tu dois utiliser entre trois et cinq cartes.

2 3 9 7 8 14 16 23 30

Centaines	Dizaines	Unités

Nombre mystère : ....

4 Poser et effectuer des additions en colonnes

Date : ....

Poser et calculer des additions en colonnes.

1 Effectue les additions.

27 + 59 = ...

	5	9
+	2	7

24 + 15 + 33 = ...

	3	3
+	2	4
+	1	5

68 + 15 + 14 = ...

	6	8
+	1	5
+	1	4

2 Pose les additions en colonnes, puis calcule-les.

55 + 12 + 13 = ...

37 + 23 + 8 = ...

65 + 52 = ...

Création mathématique. Crée au moins une addition, pose-la, puis calcule-la.

5 Utiliser la demi-droite graduée jusqu'à 200

Date : ....

Savoir placer des nombres sur une demi-droite graduée de 1 en 1.

1 Relie les nombres à leur emplacement sur les demi-droites graduées.

106 • 105 • 102 • 108 •

98 99 ... 103 104 ... 107

140 • 147 • 150 • 144 •

142 ... 145 ... 149

87 • 124 • 98 • 133 • 119 •

90 ... 100 ... 110 ... 120 ... 130

2 Complète les demi-droites graduées en trouvant les nombres recouverts par le café.

123 124 125 .... 127 .... 130 131 133

.... 176 177 .... 183 ....

Départ

396 397

Arrivée

Utiliser la demi-droite graduée jusqu'à 200

Date : ....

Savoir placer des nombres sur une demi-droite graduée de 10 en 10.

1 Barre les demi-droites qui ne sont pas correctement graduées de 10 en 10.

110 120 130 140 150

70 80 90 100 200 300

120 130 140 150

50 60 70 80 90

2 Complète les demi-droites graduées en trouvant les nombres grignotés par le hamster.

0 10 20 .... 40 .... 70 80 ....

.... 90 100 .... 160 ....

Création mathématique. Complète ces deux demi-droites graduées avec les nombres de ton choix.

+ 1

+ 10

6 Connaitre le lien entre euro et centime d'euro

Date : ....

Utiliser la relation entre les euros et les centimes d'euro.

1 Écris la somme totale en euro et centime d'euro pour chaque portemonnaie.

.... € ....

.... € ....

2 Cette tirelire contient 27 € 70. Dessine les centimes dont tu aurais besoin pour remplacer les pièces de 1 euro.

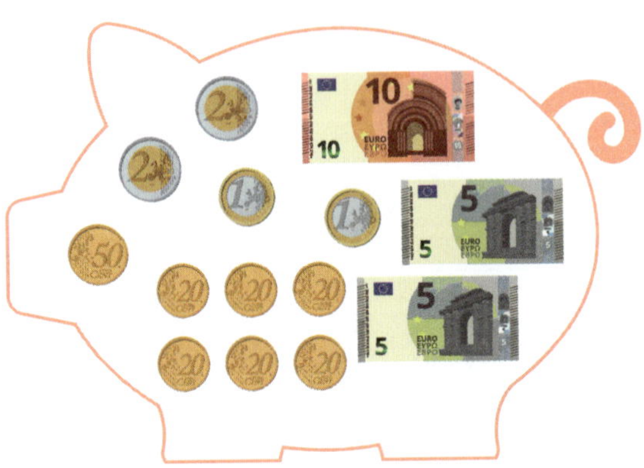

3 Écris la somme en euro et centime d'euro.

185 centimes = 1 € 85

120 centimes = ... € ....

250 centimes = ... € ....

325 centimes = ... € ....

105 centimes = ... € ....

199 centimes = ... € ....

Connaitre le lien entre euro et centime d'euro

Date : ....

Comparer les valeurs de deux sommes en euro.

1 Détermine la valeur de chaque portemonnaie, puis entoure l'enfant qui possède le plus d'argent.

Sofia a .... € .... Amir a .... € ....

2 Détermine la valeur de chaque portemonnaie, puis entoure l'enfant qui possède le moins d'argent.

Malo a .... € .... Alia a .... € ....

Création mathématique. Compose une tirelire, puis demande à un autre élève d'écrire la somme représentée.

7 Le sens de la multiplication et le symbole « × »

Date : ....

Découvrir la multiplication pour calculer.

1 Colorie les étiquettes correspondant aux configurations rectangulaires représentées.

1 + 1 + 1 | 2 + 2 + 2 | 2 × 3 | 2 × 6 | 3 × 2

3 + 3 + 3 | 3 × 3 | 9 + 9 | 3 × 3 × 3

3 × 4 | 4 + 4 + 4 | 3 + 3 | 6 + 6 | 4 × 3

2 Écris les deux multiplications correspondant à chaque image.

.... = ...

.... = ...

.... = ...

3 Écris la multiplication associée à chaque image, puis calcule pour montrer qu'il y a autant de personnes des deux côtés.

Multiplication 1 :

.... × .... = ...

Multiplication 2 :

.... × .... = ...

Le sens de la multiplication et le symbole « × »

Date : ....

Lire et utiliser la table de Pythagore rectangulaire.

1 Écris les deux multiplications associées à chaque configuration rectangulaire.

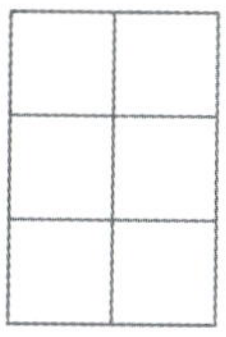

...... × ...... = ... × ......

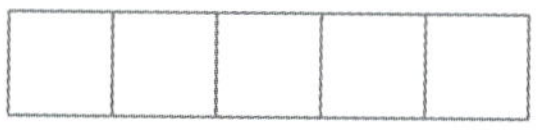

...... × ...... = ... × ......

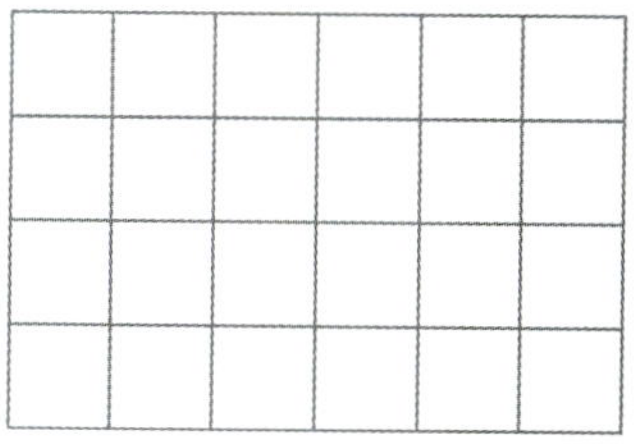

...... × ...... = ... × ......

2 Cherche plusieurs manières de représenter huit carreaux.

Création mathématique. Dessine les rectangles de ton choix, puis écris les multiplications associées.

...... × ...... = ... × ......

...... × ...... = ... × ......

8 La table des multiplications par 2

Date : ....

Construire la table des multiplications par 2.

1 Complète les égalités.

 $= 2 \times 3 = 6 = 3 + 3$

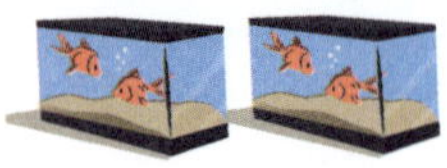 $= 4 =$ ..... × ..... = ... + ...

 = ... × ..... = ... = ... + ...

 $= 16 =$ ..... × ..... = ... + ...

$2 \times 6 =$ ..... + ... = ...

$2 \times 7 =$ ..... + ... = ...

$2 \times 8 =$ ..... + ... = ...

$2 \times 9 =$ ..... + ... = ...

$2 \times 10 =$ ..... + ... = ...

2 Effectue les multiplications.

2 × ..... = 4	2 = 2 ×	9 × 2 = ...	4 = 2 × .....
3 × 2 = ...	5 × ..... = 10	2 × ..... = 14	8 = 2 × .....
10 × ..... = 20	6 × 2 = ...	2 × 8 = ...	2 × 9 = ...

3 Colorie de la même couleur les étiquettes de même valeur.

2 × 2 | 2 × 4 | 2 × 5

4 + 4 | 8 | 10 | 5 × 2 | 5 + 5 | 4 × 2 | 4 | 2 + 2 + 2 + 2 | 2 + 2

Création mathématique. Crée une multiplication par 2 en rectangle, puis indique son résultat.

9 Ajouter ou soustraire des dizaines ou centaines à un nombre

Date : ....

Soustraire des dizaines à un nombre.

1 Pioche une carte « nombre », écris-le dans la première case, puis pioche une carte « dizaine » pour effectuer la soustraction.

Exemple : 492 → − 2 D → 472

.... → − .... D → ....

.... → − .... D → ....

.... → − .... D → ....

.... → − .... D → ....

.... → − .... D → ....

2 Effectue les soustractions pour compléter les dominos.

	270 − 30
....	456 − 60
....	318 − 40
....	508 − 70
....	651 − 70
....	258 − 30
....	
	....
....	364 − 40
....	477 − 20
....	129 − 10
....	730 − 90
	....

278 < .... < .... < .... < .... < 729 < .... < .... < .... < 983

Ajouter ou soustraire des dizaines ou centaines à un nombre

Date : ....

Ajouter des dizaines dans des calculs impliquant une retenue.

1 Associe chaque calcul à son résultat.

467 + 60 •	• 452 •	• 304 + 50
324 + 30 •	• 354 •	• 422 + 30
432 + 20 •	• 527 •	• 487 + 40

2 Effectue les additions en t'aidant de l'exercice 1 pour les calculs en bleu.

467 + 60 = ...	432 + 20 = ...	764 + 60 = ...	356 + 90 = ...
489 + 40 = ...	421 + 90 = ...	903 + 90 = ...	879 + 40 = ...

3 Effectue les additions pour aider Méli à atteindre l'arrivée.

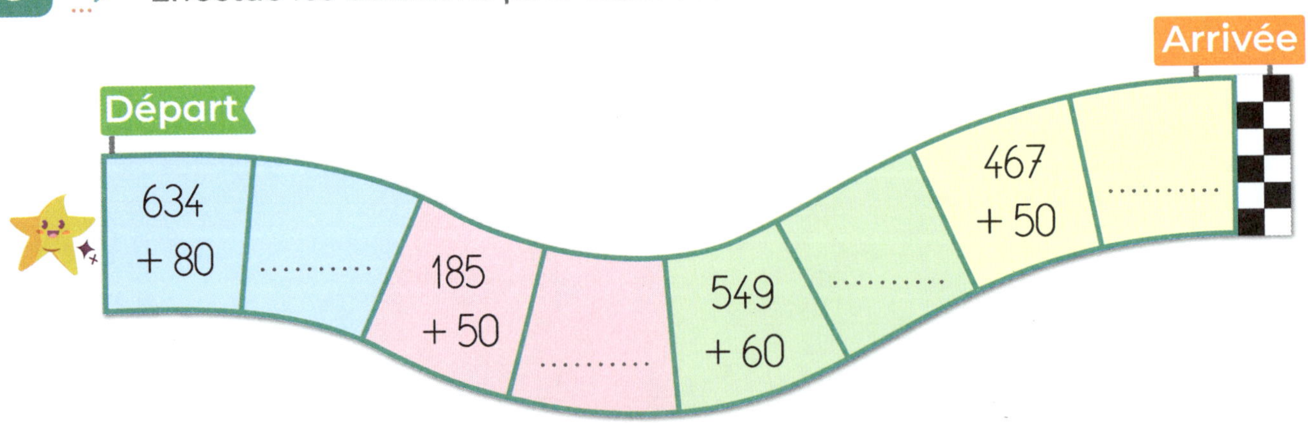

Création mathématique. Écris et calcule au moins une addition et une soustraction de dizaines et de centaines entières.

10 Ajouter 9, 19 ou 29 à un nombre

Date : ....

Ajouter 9, 19 ou 29 à un nombre.

1 Effectue les additions en utilisant les demi-droites graduées.

30 + 29 = ...

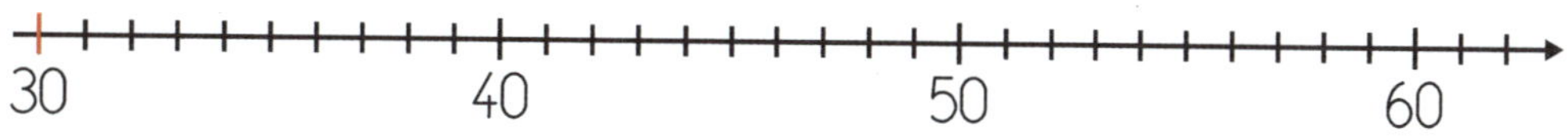

12 + 19 = ...

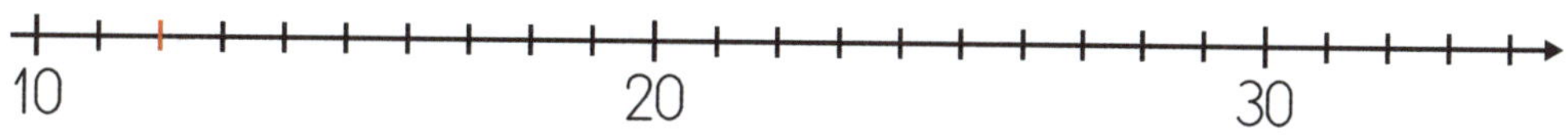

67 + 9 = ...

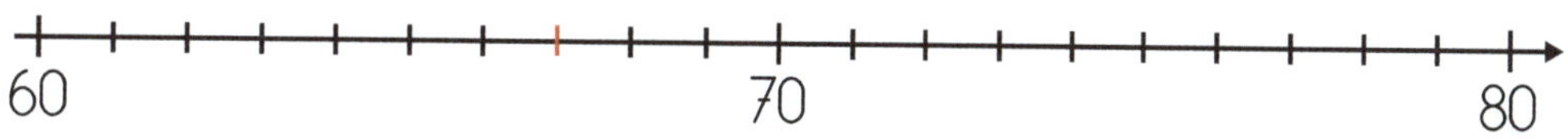

55 + 29 = ...

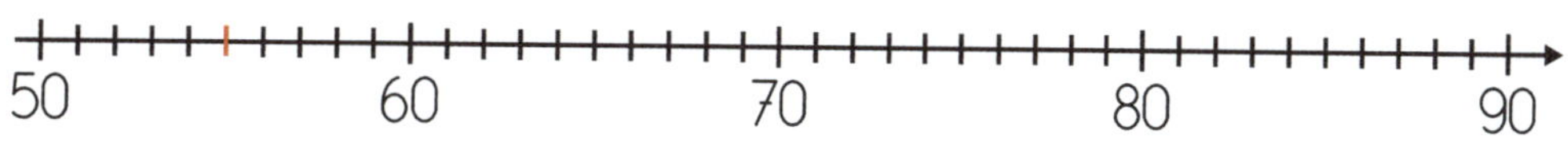

73 + 19 = ...

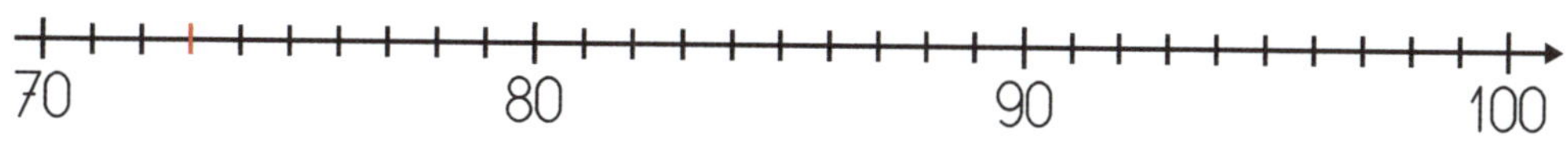

2 Effectue les additions pour compléter les dominos.

	34 + 9
....	9 + 29
....	29 + 19
....	63 + 9
....	17 + 29
....	71 + 19
....	37 + 19
....	
11 + 9	....
59 + 19	....
85 + 29	....
61 + 29	....
47 + 9	....

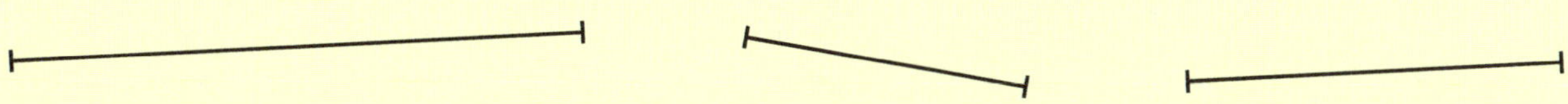

.... cm .... cm .... cm

Ajouter 9, 19 ou 29 à un nombre

Date : ....

Ajouter rapidement 9, 19 ou 29 à un nombre plus grand que 100.

1 Effectue les additions en t'aidant, si besoin, de la demi-droite graduée.

152 + 29 = ...
138 + 9 = ...

217 + 19 = ...
486 + 9 = ...

325 + 29 = ...
563 + 19 = ...

2 Résous le problème.

Méli possède 346 billes et en gagne 19.
Combien en possède-t-elle maintenant ?

....

....

3 Colorie de la même couleur chaque calcul et son résultat.

327 + 19	491	346	128 + 29	347
175	328 + 19	451	482 + 9	
422 + 29		156 + 19	157	

Création mathématique. Par deux, choisissez un nombre, puis, chacun sur votre fichier, ajoutez-lui 9, 19 ou 29.

Découvrir les fractions : demi, moitié et quart

Date : ....

Comprendre ce que représentent un quart, un demi, une moitié.

1 Complète les phrases avec les mots « quart » et « moitié ».

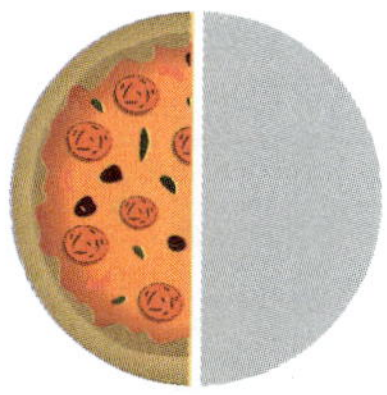

Il reste

1 .... de pizza.

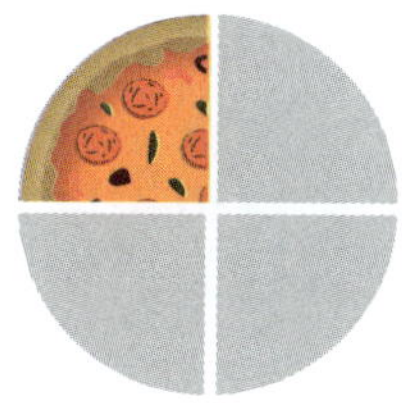

Il reste

1 .... de pizza.

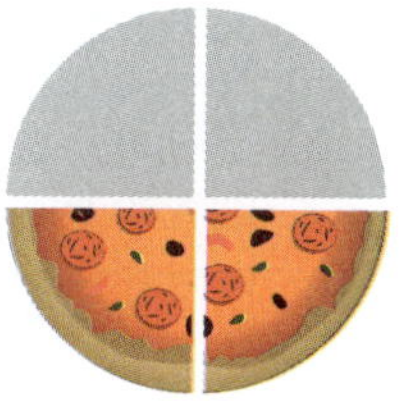

Il reste

1 .... de pizza.

2 Entoure la figure en vert si la partie colorée représente un quart de la figure, et en bleu si elle représente un demi ou une moitié de la figure.

Création mathématique. Colore un demi ou un quart de chaque figure, puis complète les phrases.

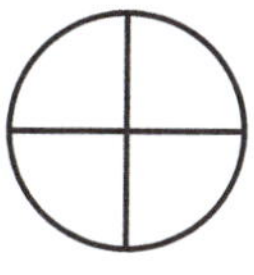

J'ai coloré

....

du disque.

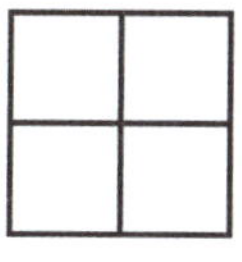

J'ai coloré

....

de la figure.

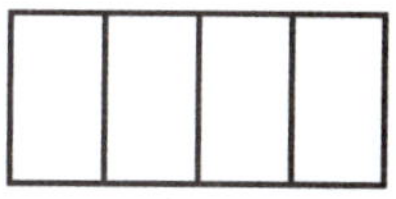

J'ai coloré

....

de la figure.

Mémo

J'ai découvert **la centaine** et appris à la représenter.

1 centaine = 10 dizaines = 100 unités

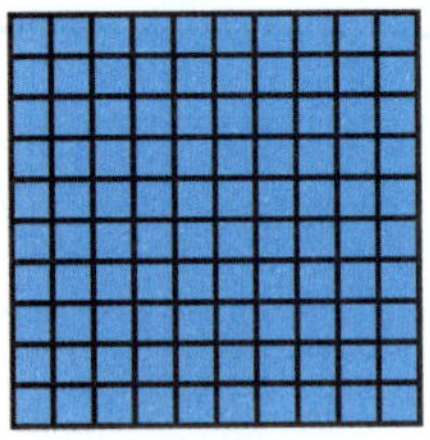 = 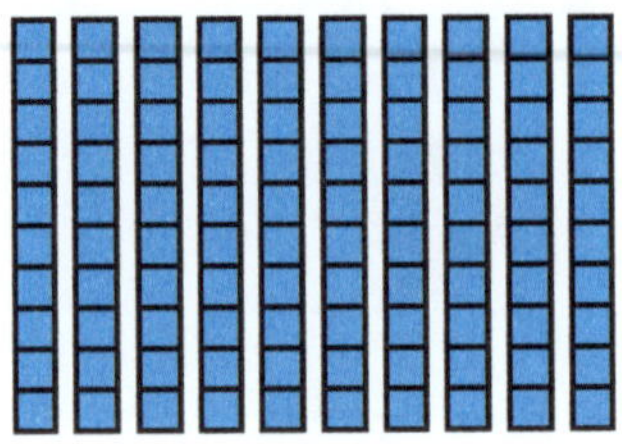 = 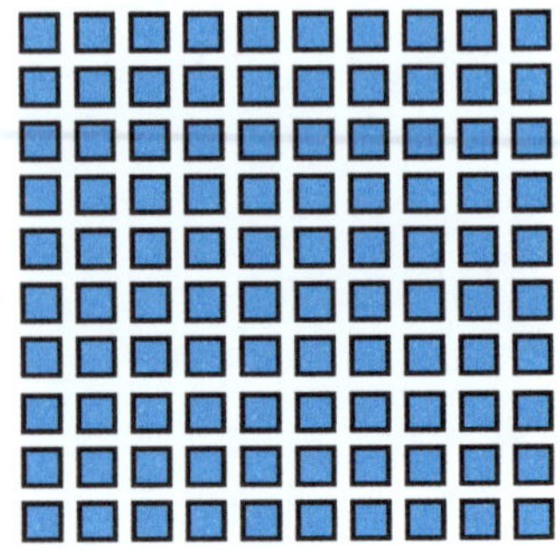

1 C = 10 D = 100 U

453 = 4 C 5 D 3 U
= 45 D 3 U
= 400 + 50 + 3

567 = 5 C 6 D 7 U
= 56 D 7 U
= 500 + 60 + 7

J'ai appris à **comparer** des nombres. Je peux **coder** ces comparaisons avec des **symboles** mathématiques.

367 > 362	plus grand que, **supérieur à**
362 < 367	plus petit que, **inférieur à**
350 = 350	de même valeur, **égal à**

J'ai appris que le résultat d'une **multiplication** est le même si on inverse l'ordre des nombres.

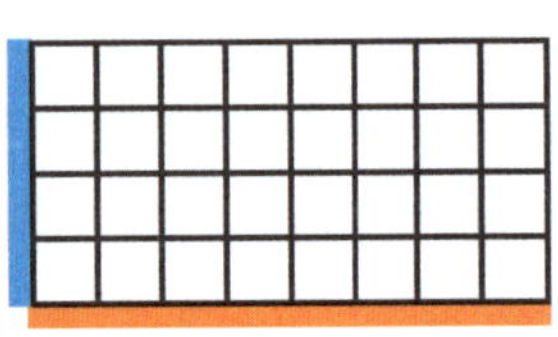 = 

4 × 8 = 8 × 4 = 32

Mémo

J'ai appris à lire une demi-droite graduée.

De 1 en 1 :

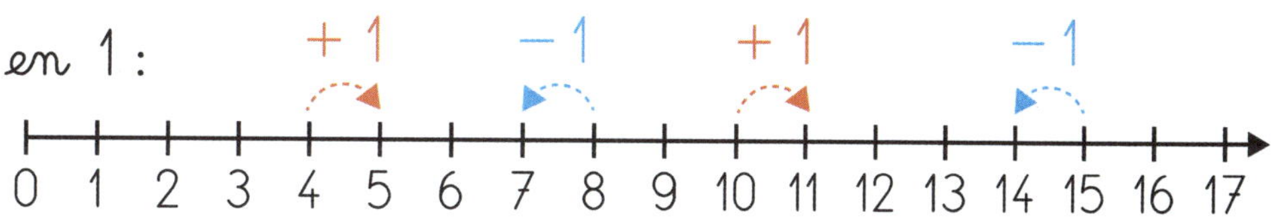

De 10 en 10 :

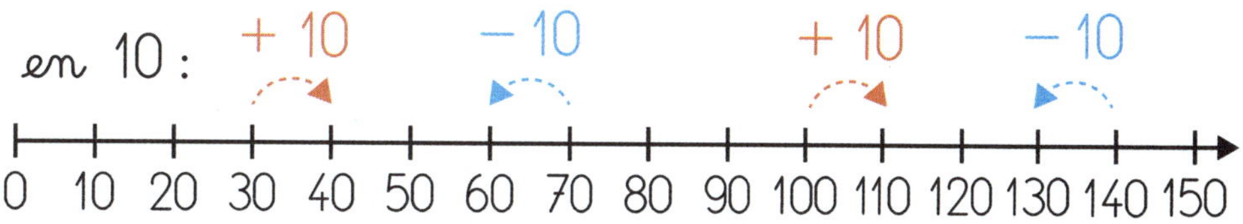

J'ai appris que, pour ajouter 9, 19 ou 29, j'ajoute la dizaine supérieure à 9, 19 ou 29, puis j'enlève 1.

$37 + 9 = 37 + 10 - 1 = 47 - 1 = 46$

$58 + 19 = 58 + 20 - 1 = 78 - 1 = 77$

$64 + 29 = 64 + 30 - 1 = 94 - 1 = 93$

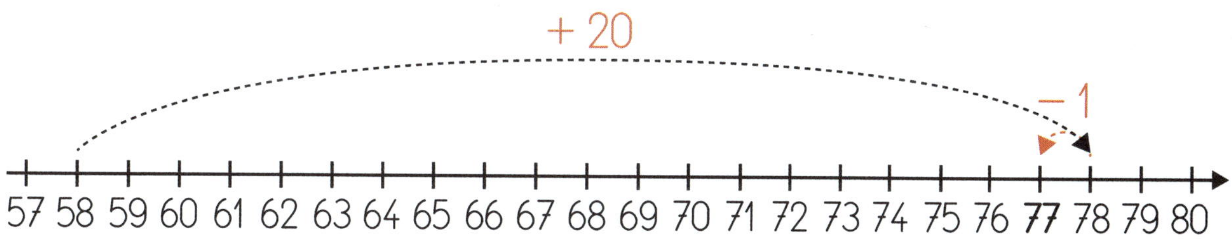

J'ai appris à soustraire un nombre entier de dizaines ou de centaines.

Je calcule 156 − 40 :

- il y a 15 dizaines dans 156 et 4 dizaines dans 40
- je calcule 15 D − 4 D = 11 D
- mon résultat comporte 11 D et autant d'unités isolées que dans 156.

Donc 156 − 40 = 116

Je calcule 519 − 200 :

- il y a 5 centaines dans 519 et 2 centaines dans 200
- je calcule 5 C − 2 C = 3 C
- mon résultat comporte 3 C et autant d'unités que dans 519.

Donc 519 − 200 = 319

Maths à la maison

Une grande collection

À la maison, trouve des collections d'objets supérieures à 100.

Configuration rectangulaire

Lorsque tu ouvres une tablette de chocolat, dis à voix haute les deux multiplications correspondantes.

Demi et quart

Dans la cuisine, trouve des aliments qui pourraient être coupés en demi ou en quart.

Transformation de nombres

Dans la rue, quand tu croises un nombre, ajoute-lui 9, 19 ou 29, et chuchote le résultat.

Maximum 150

Prends un paquet de cartes numérotées de 1 à 10 et distribue une carte à chaque joueur. Le numéro de cette carte représente le nombre de points avec lequel chaque joueur commence.

Tour à tour, les joueurs peuvent soit piocher une carte supplémentaire, soit s'arrêter de jouer. Si la carte que le joueur pioche est rouge, il gagne 19 points. Si la carte que le joueur pioche est noire, il gagne 29 points.

Si un joueur dépasse les 150 points, il a perdu. Le joueur qui a le plus de points sans avoir dépassé 150 à la fin de la partie a gagné.

5 + 19 + 29

Course-poursuite en Australie !

À la classe de CE1

Alors que nous admirions l'Uluru Rock, un animal a volé la peluche d'Amir. Aide-nous à retrouver le coupable !

Malo

La version numérique sur LLS.fr/MCE1Escape1

1 Effectue le calcul.

$$\begin{array}{r} 36 \\ +\ 45 \\ +\ 11 \\ \hline \dots\dots\dots \end{array}$$

2 Choisis le bon boomerang parmi < et > pour comparer les nombres.

576 ☐ 278

434 ☐ 452

3 Ce kangourou saute de 10 en 10. Complète la demi-droite graduée.

+ 10

12 → ☐ → ☐ → ☐ → ☐

4 Colorie de la même couleur les calculs ayant le même résultat.

2×10 — $4 + 4 + 4$ — $130 - 100$

$1 + 29$ — $1 + 19$ — 4×3

L'animal qui a volé la peluche d'Amir est un

....

12 Dénombrer des collections jusqu'à 999 en les organisant

Date : ....

Dénombrer de grandes collections en les organisant.

1 Trouve combien il y a de billes, puis complète les décompositions.

Nombre de billes : ...... C ...... D ...... U = ... C ...... D ...... U = ...

2 Sofia et Amir ont préparé 643 cubes, mais un seul a raison. Entoure-le.

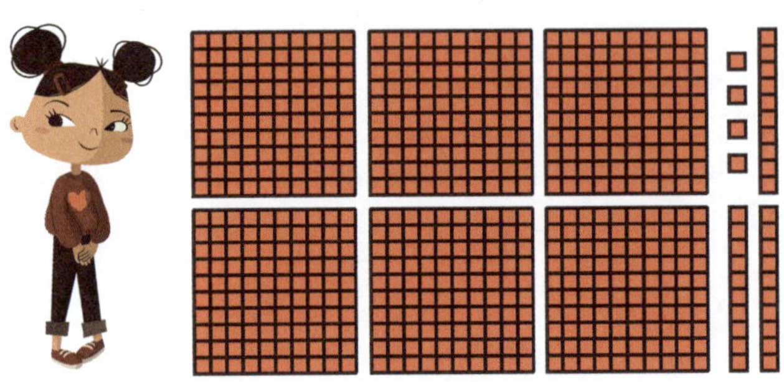

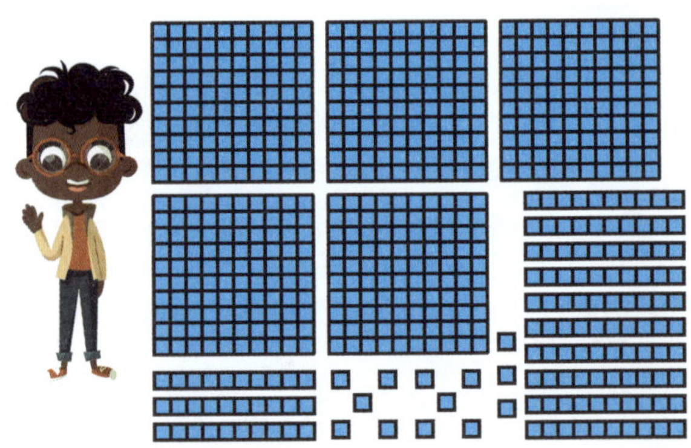

Création mathématique. Dessine la collection de ton choix, écris-la en chiffres, puis décompose-la en C, D et U de différentes manières.

.... C .... D .... U = ... C .... D .... U = ...

13 Construire des collections jusqu'à 1 000 (1)

Date : ....

Construire des collections avec contraintes.

1 Aide Malo et Alia à trouver le nombre de cartes et de billes dans leur collection. Propose trois nombres possibles à chaque fois.

J'ai 85 dizaines de cartes.

....

....

....

J'ai 9 centaines de billes.

....

....

....

2 Colorie de la même couleur les représentations de même valeur.

867 — 678 — 786 — 876

78 D 6 U	8 C 6 U 7 D	8 D 7 C 6 U	8 U 67 D
8 C 6 D 7 U	8 U 6 C 7 D	86 D 7 U	8 C 76 U

3 Complète les décompositions.

149 = ... C .... U .... D

912 = ... D .... U

753 = ... U

780 = ... C .... U

800 = ... D

801 = ... D .... U

Construire des collections jusqu'à 1 000 (1)

Date : ....

Découvrir le nombre 1 000 et ses décompositions.

1 Complète la suite des nombres de 100 en 100.

100	....	....	....	....	....	....	....	....	....

2 Complète les collections pour qu'il y ait 1 000 à chaque fois.

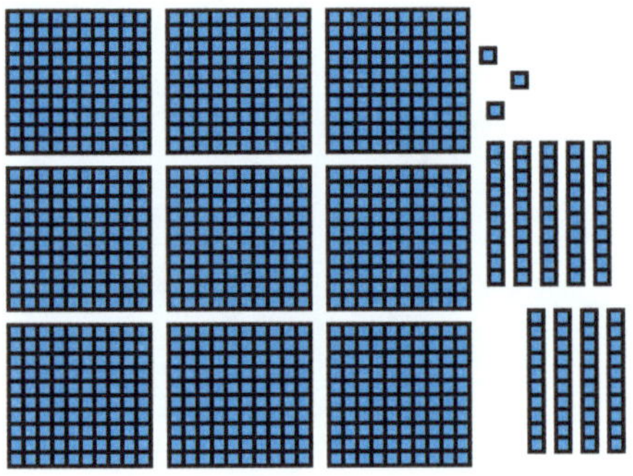

3 ×  = 6 →  = ...

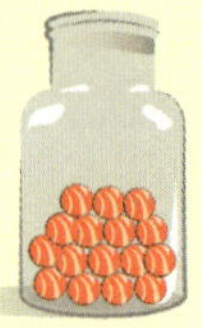 ×  = 16 → 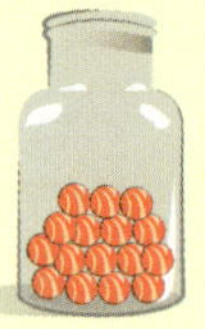 = ...

Construire des collections jusqu'à 1 000 (1)

Date : ....

Décomposer un nombre.

1

Dessine les constructions correspondantes en suivant le code couleur.

100 | 10 | 1

243 

822

930

703

2

À l'aide du code couleur de l'exercice 1, complète les décompositions correspondant à chaque construction, puis calcule.

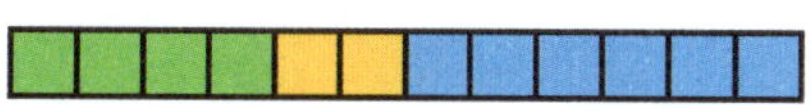 (..... × 100) + (..... × 10) + (..... × 1) = ...

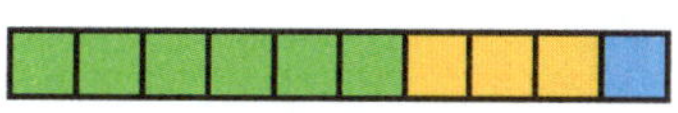 (..... × ....) + (..... × .....) + (..... × .....) = ...

 (..... × ....) + (..... × .....) = ...

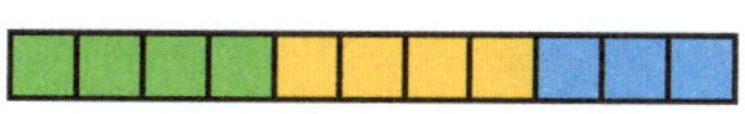 .... = ...

Création mathématique. Choisis un nombre, représente-le puis décompose-le de différentes manières.

14 La table des multiplications par 3

Date : ....

Connaitre dans les deux sens la table des multiplications par 3.

1 Trace le chemin que suit Méli pour rejoindre sa fusée.
Elle ne passe que par les cases qui contiennent les résultats de la table de 3, dans l'ordre.

2 Effectue les multiplications.

$3 \times 4 =$	..... $\times 3 = 30$	$2 \times 3 =$	$3 \times$ ..... $= 9$
$3 \times 7 =$	$3 \times 0 =$	$3 \times$ ..... $= 12$	$3 \times$ ..... $= 18$
$3 \times$ ..... $= 3$	$8 \times 3 =$	$3 \times 5 =$	$3 \times 9 =$ .....

3 Colorie de la même couleur les étiquettes de même valeur.

2×3 | 3×5 | 6×3

6

$2 + 2 + 2$

18

$3 + 3 + 3 + 3 + 3 + 3$

$5 + 5 + 5$

$3 + 3$

15

$6 + 6 + 6$

$3 + 3 + 3 + 3 + 3$

Création mathématique. Crée une multiplication par 3 en rectangle, puis indique son résultat.

15 Mémoriser les doubles de 1 à 15, 25, 35 et 45

Date : ....

Calculer et connaitre le double des nombres de 1 à 15, 25, 35 et 45.

1 Calcule les doubles en utilisant le calcul en ligne.

Le double de 15 :	Le double de 25 :	Le double de 35 :	Le double de 45 :
15 + 15 = ...	25 + 25 = ...	35 + 35 = ...	45 + 45 = ...
Le double de 15 est	Le double de 25 est	Le double de 35 est	Le double de 45 est ....

2 Complète les phrases.

Le double de 7 est 14 car 7 + 7 = 14.

Le double de 14 est .... car .... + ... = ...

Le double de 12 est .... car .... + ... = ...

Le double de 11 est .... car .... + ... = ...

3 Associe chaque nombre à son double.

25 •	• 22
15 •	• 50
2 •	• 90
35 •	• 30
4 •	• 70
11 •	• 8
45 •	• 24
12 •	• 4
13 •	• 26
10 •	• 20

Création mathématique. Écris le double des nombres de ton choix sous la forme d'une addition ou d'une multiplication, puis calcule-les.

16 Utiliser la relation entre les unités de numération (2)

Date : ....

Utiliser les relations entre les unités de numération pour calculer.

1 Trouve le nombre qui correspond.

Bon de commande n° 1

Voici la commande d'une école :

- 19 stylos violets à l'unité
- 14 boites de 10 stylos rouges
- 2 boites de 100 stylos bleus

Combien de stylos ont été commandés ?

.... C .... D .... U

L'école a commandé .... stylos.

Bon de commande n° 2

Voici la commande d'une bibliothèque :

- 26 bandes dessinées
- 15 boites de 10 romans
- 2 boites de 10 dictionnaires
- 6 cartons de 100 albums

Combien de livres ont été commandés ?

.... C .... D .... U

La bibliothèque a commandé .... livres.

Date : ....

Utiliser la valeur des chiffres selon leur position dans ce nombre.

1 Trouve le nombre mystère de chaque partie.

	C	D	U
	3	1	15
	2		

Nombre mystère : ....

	C	D	U
	7	6	1
		8	

Nombre mystère : ....

	C	D	
	8	3	
		6	

Nombre mystère : ....

	C	D	
	8	3	
		13	

Nombre mystère : ....

Trouve le chemin pour que la maman hippopotame rejoigne son petit en ajoutant 19 à chaque case.

42	61	80	89	195	223	
	82	99	118	175	194	
	91	128	137	156	213	232

Utiliser la relation entre les unités de numération (2)

Date : ....

Utiliser la relation entre les unités de numération pour construire un nombre.

1

Replace les cartes au bon endroit pour reformer les nombres mystères.

C	D	U
7	4	8

Cartes : 5 — **798**

C	D	U
6	4	6

Cartes : 8, 2 — **728**

C		U
		6

Cartes : 2, 7, 5 — **911**

2

Replace les cartes au bon endroit pour reformer les nombres mystères.

C	D	U
5		

Cartes : 3, 7, 4 — **973**

C	D	U
6	9	5

Cartes : 7 — **702**

C	D	U
8	8	1

Cartes : 6, 1 — **942**

Création mathématique. Invente une partie à l'aide des cartes proposées.

Cartes : C, D, D, U, U

2, 3, 5, 6, 7, 8, 9, 14, 20

Nombre mystère : ....

17 Utiliser la demi-droite graduée jusqu'à 1 000 (1)

Date : ....

Savoir placer des nombres sur une demi-droite graduée de 10 en 10 jusqu'à 599.

1 Colorie la bonne proposition pour associer chaque nombre à sa graduation.

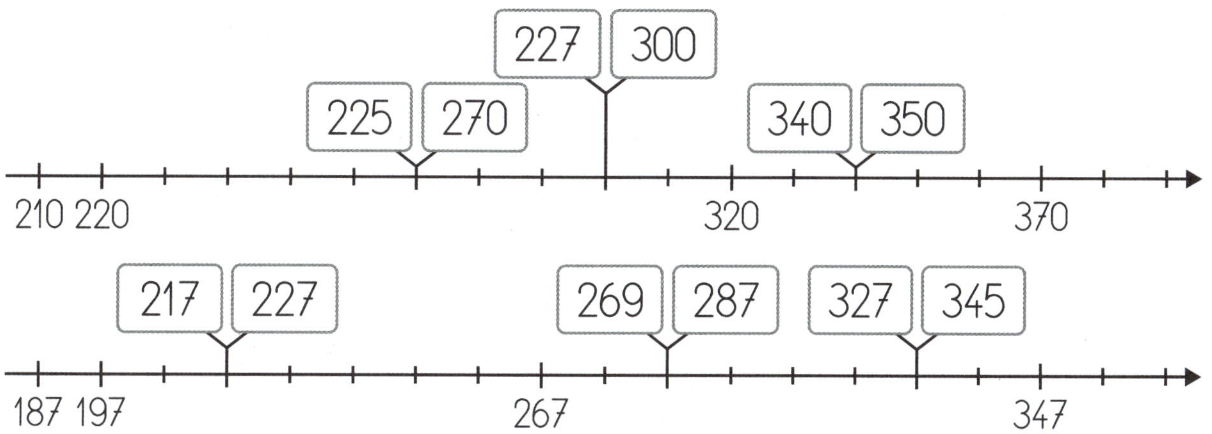

2 Complète les étiquettes des demi-droites graduées.

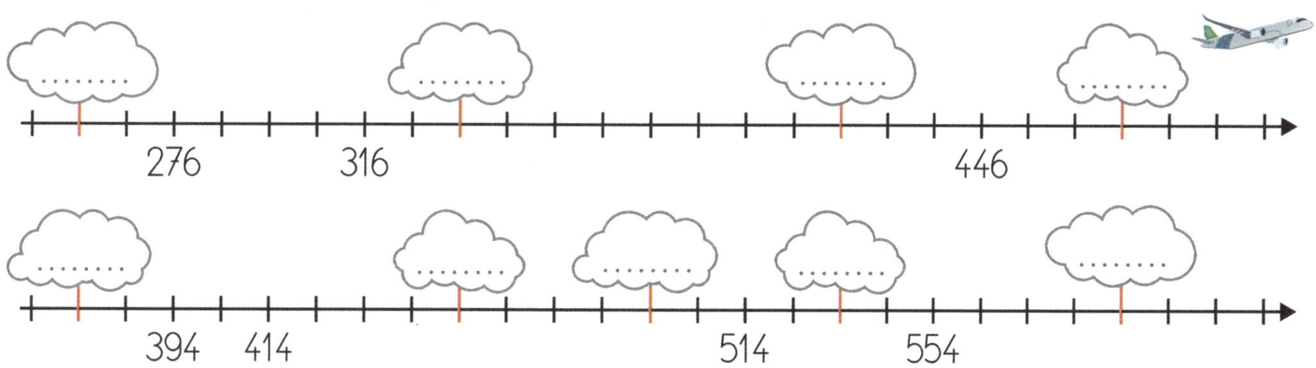

3 Colorie chaque nombre de la bonne couleur selon sa position sur la demi-droite graduée.

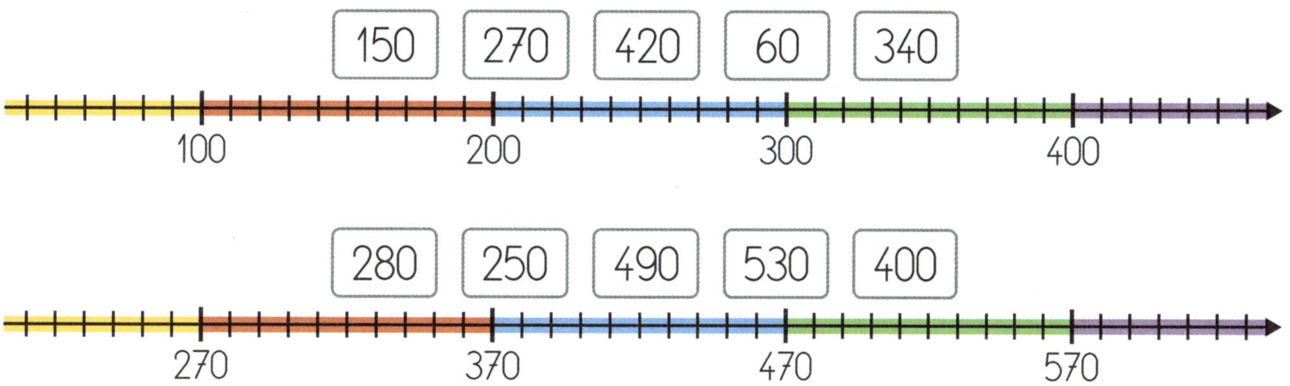

Utiliser la demi-droite graduée jusqu'à 1 000 (1)

Date : ....

Placer des nombres sur une demi-droite graduée de 1 en 1 ou de 10 en 10 jusqu'à 599.

1 Barre les demi-droites qui ne sont pas graduées de 10 en 10.

338 ... 398

900 ... 910

732 ... 735

874 884

2 Associe chaque nombre à son emplacement sur les demi-droites graduées.

907 • 899 • 909 • 916 • 912 •

903 ... 913

818 • 878 • 858 • 948 • 918 •

828 838 848 ... 898

Création mathématique. Complète ces deux demi-droites graduées avec les nombres de ton choix.

+ 1

+ 10

18 S'approprier la demi-heure et le quart d'heure

Date : ....

Apprendre à lire les demi-heures. Découvrir les heures du matin et de l'après-midi.

1

Écris les heures du matin indiquées par les horloges.

.... h ....

.... h ....

.... h ....

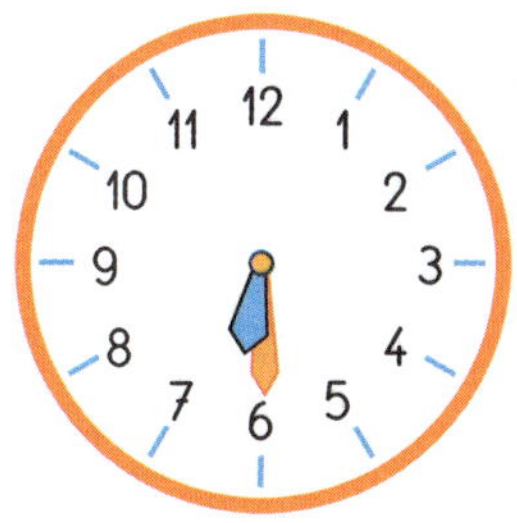

.... h ....

2

Écris les heures de l'après-midi indiquées par les horloges.

.... h ....

.... h ....

.... h ....

.... h ....

3

Représente les heures demandées en faisant attention à la longueur des aiguilles.

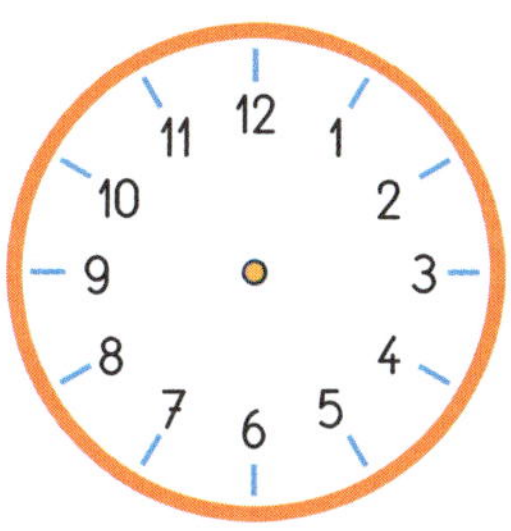

Il est huit heures et demie.

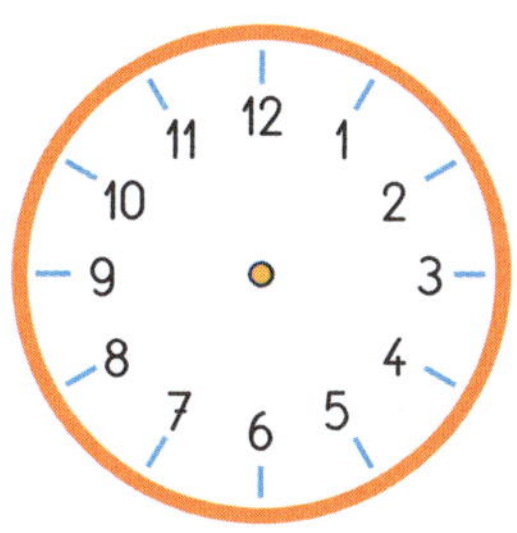

Il est 15 heures.

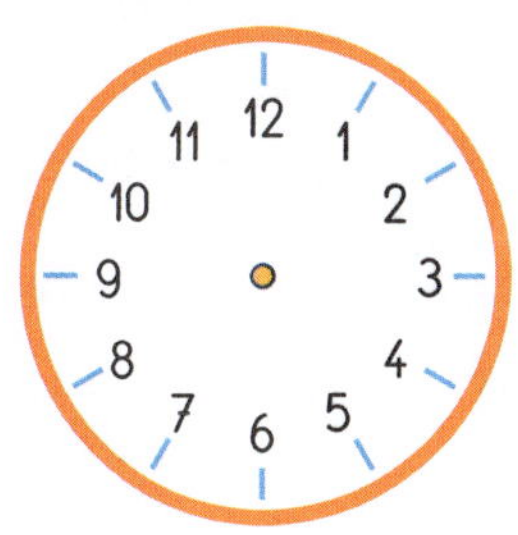

Il est 22 heures.

S'approprier la demi-heure et le quart d'heure

Date : ....

Apprendre à lire les quarts d'heure.

1 Écris les heures indiquées par les horloges ou représente les heures demandées.

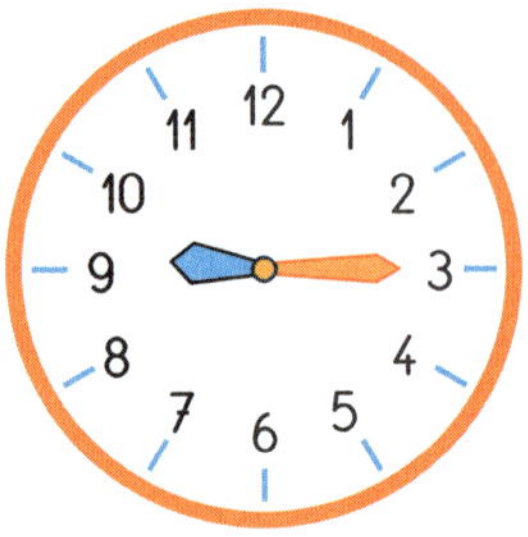

Heure du matin : ....

Heure de l'après-midi : ....

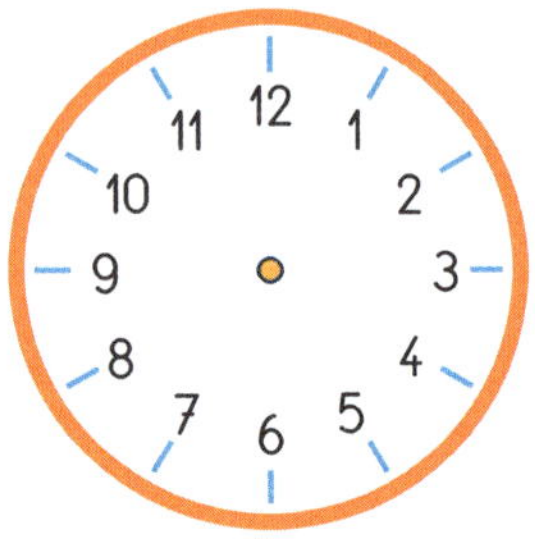

Il est seize heures et quart.

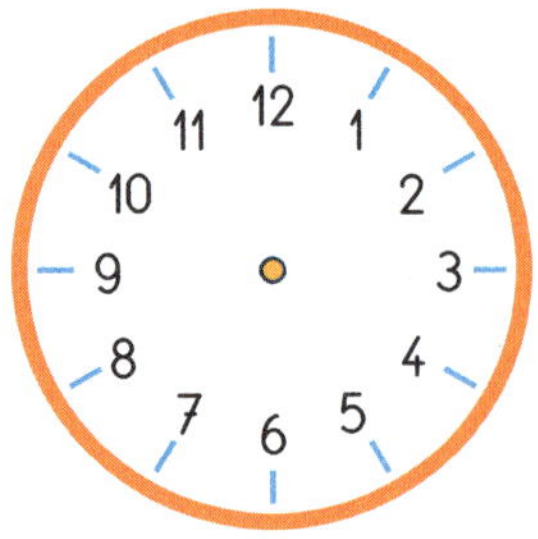

Il est minuit et quart.

2 Colorie les heures de la même couleur que l'horloge associée.

Il est dix heures et quart du soir.		
12 h 15	Il est neuf heures et quart.	
9 h 15	Il est midi et quart.	22 h 15

Création mathématique. Représente une heure avec un quart d'heure sur l'horloge, puis écris-la.

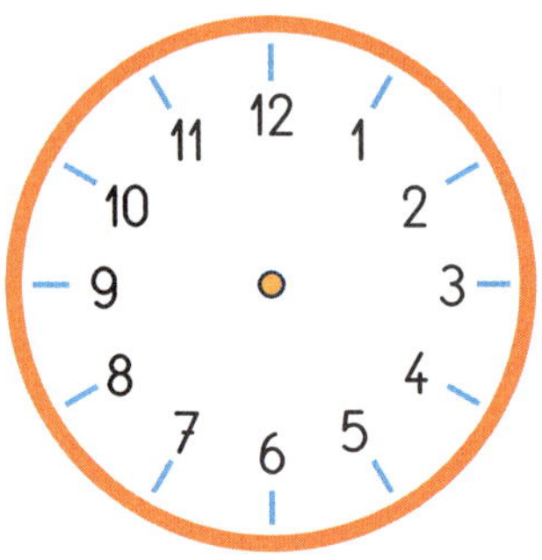

Il est .... h ....

19 La table des multiplications par 4

Date : ....

Connaitre dans les deux sens la table des multiplications par 4.

1

Trace le chemin que suit le dromadaire pour rejoindre l'oasis.
Il ne passe que par les dunes qui contiennent les résultats de la table de 4, dans l'ordre.

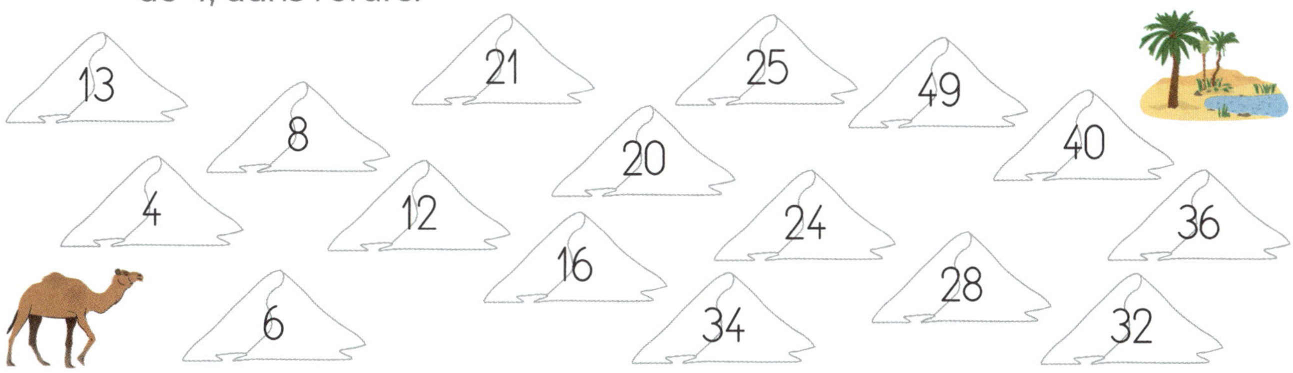

2

Effectue les multiplications.

4 × ..... = 16	10 × 4 = ...	2 × 4 = ...	4 × ..... = 28
7 × 4 = ...	4 × 0 = ...	4 × 3 = ...	6 × 4 = ...
..... × 1 = 4	4 × ..... = 12	4 × ..... = 20	..... × 9 = 36

3

Colorie de la même couleur les étiquettes de même valeur.

4 × 4 | 2 × 4 | 4 × 3

4 + 4 | 2 + 2 + 2 + 2

4 × 2 | 4 + 4 + 4 | 16

4 + 4 + 4 + 4

8 | 12

4 × 3 + 4

3 + 3 + 3 + 3 | 3 × 4

Création mathématique. Crée une multiplication par 4 en rectangle, puis indique son résultat.

20 Soustraire un nombre inférieur à 9 à un nombre

Date : ....

Soustraire un nombre inférieur à 9.

1 Effectue les soustractions.

479 − 7 = ...	845 − 2 = ...	458 − 4 = ...	8 − 6 = ...
28 − 6 = ...	609 − 7 = ...	398 − 6 = ...	5 − 4 = ...
735 − 2 = ...	185 − 4 = ...	9 − 2 = ...	999 − 7 = ...

2 Colorie selon le code couleur.

- 154 (jaune)
- 152 (bleu)
- 153 (violet)
- 151 (marron)
- 156 (orange)
- 157 (vert)
- 155 (rose)

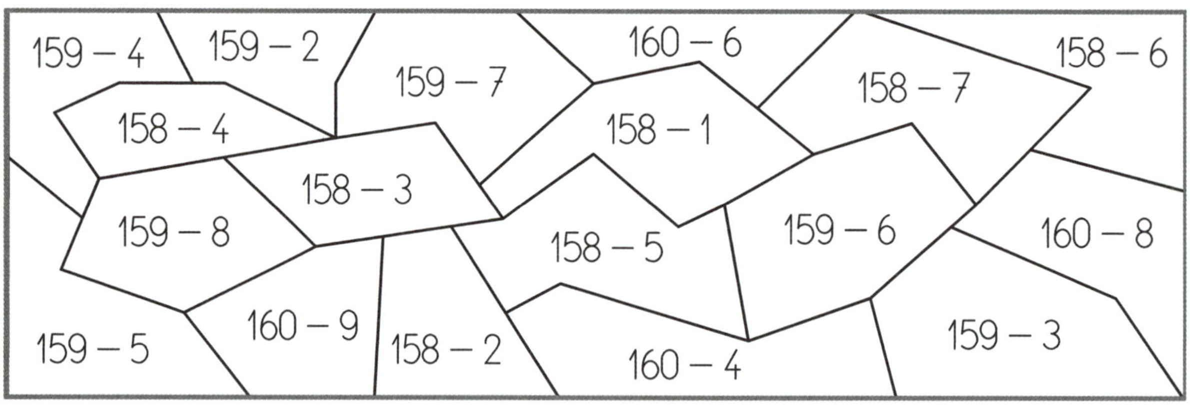

3 Effectue les soustractions en représentant les calculs sur les demi-droites graduées.

63 − 4 = ...

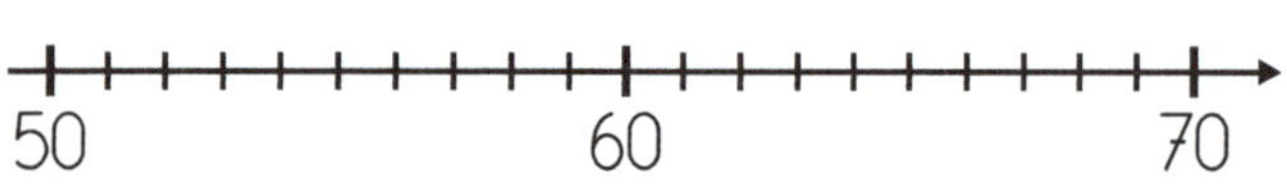

54 − 6 = ...

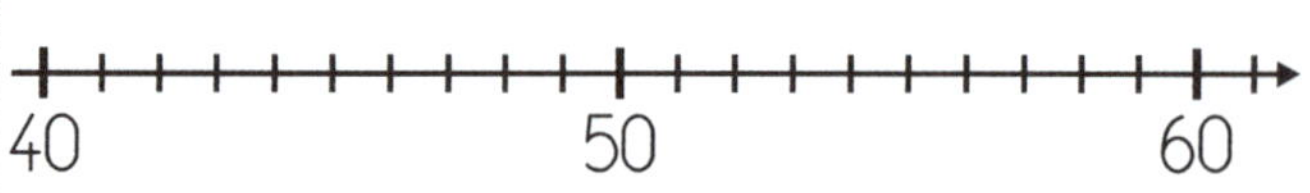

Reproduis les figures en partant du point rouge.

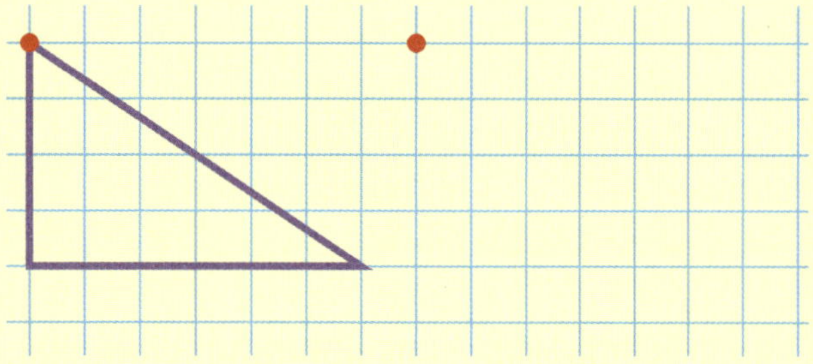

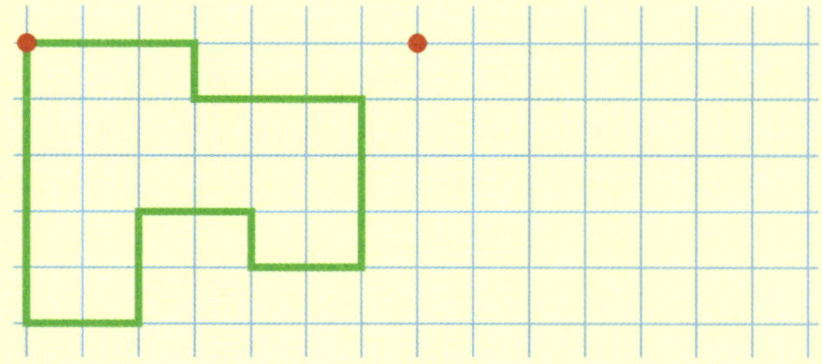

Soustraire un nombre inférieur à 9 à un nombre

Date : ....

Soustraire un nombre inférieur à 9 en passant par la dizaine inférieure.

1 Effectue les soustractions en utilisant les demi-droites graduées.

35 − 8 = ... (demi-droite graduée : 20 — 30 — 40)

52 − 6 = ... (demi-droite graduée : 40 — 50 — 60)

124 − 8 = ... (demi-droite graduée : 110 — 120 — 130)

281 − 4 = ... (demi-droite graduée : 270 — 280 — 290)

122 − 5 = ... (demi-droite graduée : 110 — 120 — 130)

465 − 7 = ... (demi-droite graduée : 450 — 460 — 470)

2 Joue au jeu avec un autre élève en suivant les consignes données à l'oral.

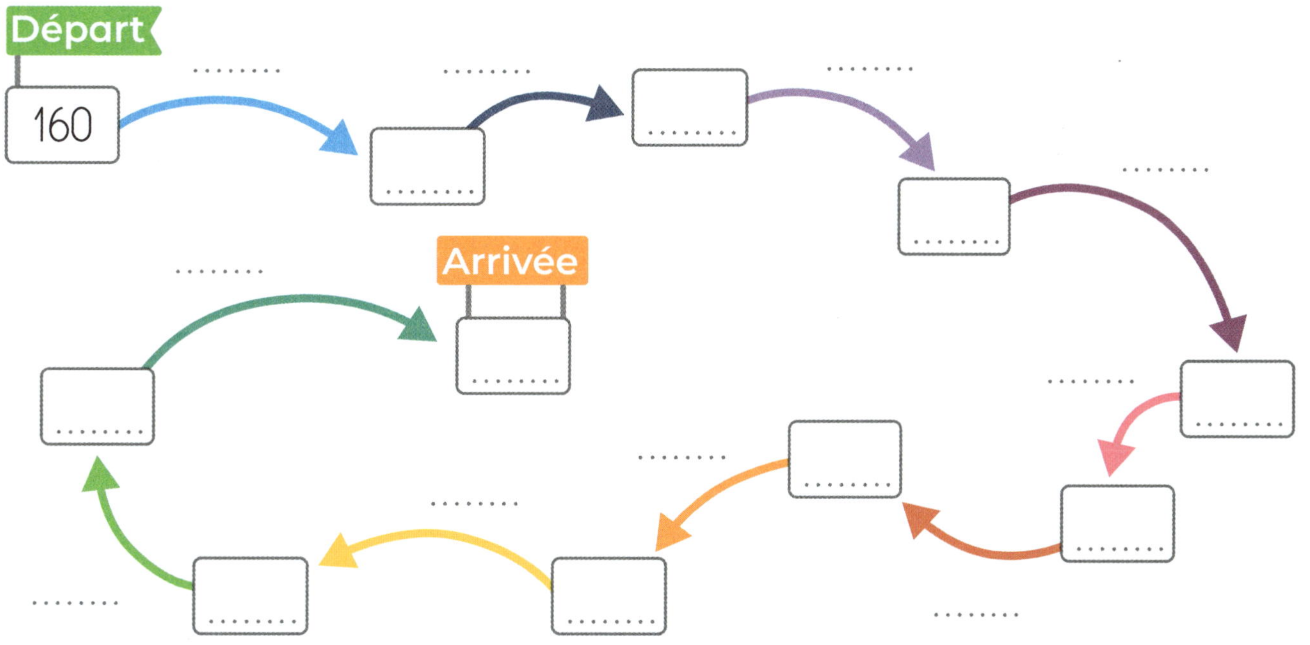

Création mathématique. Calcule la différence entre deux nombres de ton choix.

21 Soustraire 9 à un nombre

Date : ....

Soustraire 9 à un nombre inférieur à 100.

1

Effectue les soustractions en t'aidant des demi-droites graduées.

37 − 9 = 28

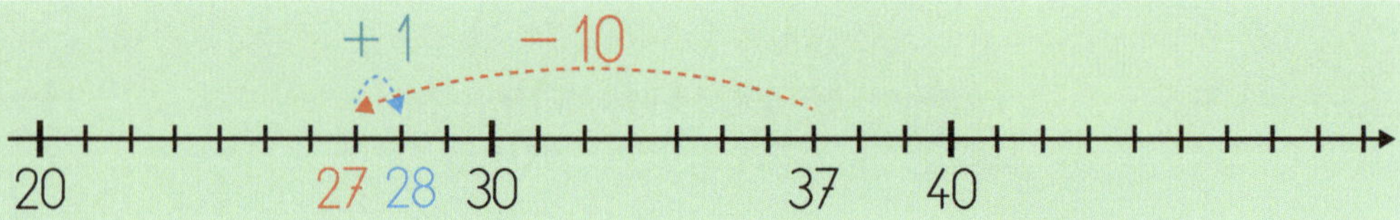

48 − 9 = ...

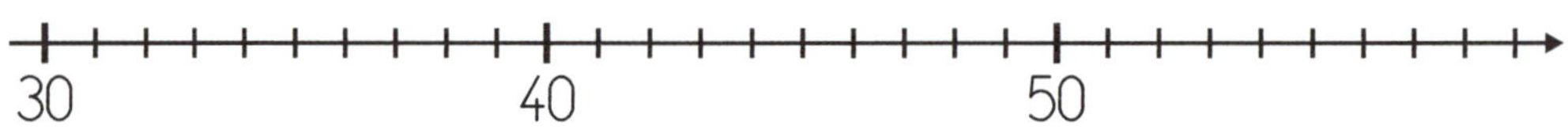

83 − 9 = ...

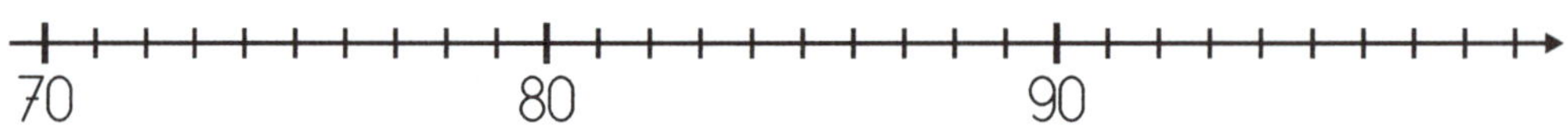

91 − 9 = ...

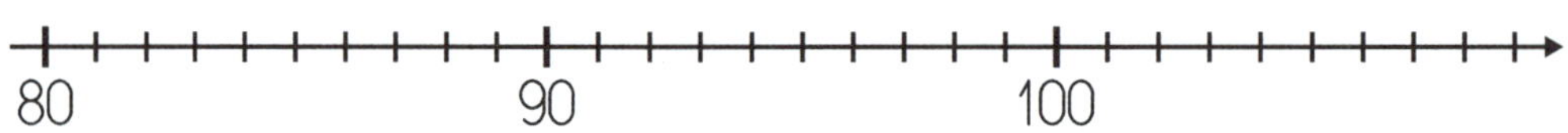

2

Effectue les soustractions.

87 − 9 = 87 − 10 + 1 = 77 + 1 = 78

51 − 9 = ... − .... + 1 = ... + 1 = ...

26 − 9 = ... − .... + 1 = ... + 1 = ...

64 − 9 = ...

32 − 9 = ...

77 − 9 = ...

49 − 9 = ...

15 − 9 = ...

55 − 9 = ...

3

Complète les suites de nombres en soustrayant 9 à chaque fois.

64	.....	.....	.....	.....	.....

91	.....	.....	.....	.....	.....

Soustraire 9 à un nombre

Date : ....

Soustraire 9 à un nombre supérieur à 100.

1 Effectue les soustractions.

$342 - 9 = 342 - 10 + 1 = 332 + 1 = 333$

$268 - 9 =$ ..... $- 10 + 1 =$ ..... $+ 1 =$ .....

$554 - 9 =$ ..... $-$ .... $+ 1 =$ ..... $+ 1 =$ .....

$624 - 9 =$ ....　　$172 - 9 =$ ....

$555 - 9 =$ ....　　$138 - 9 =$ ....

$446 - 9 =$ ....　　$103 - 9 =$ ....

2 Résous le problème.

Un pommier compte 154 pommes. 9 pommes tombent le lundi et 9 autres tombent le mardi. Combien de pommes reste-t-il ?

....

3 Soustrais 9 à chaque case pour aider Sofia à rentrer chez elle.

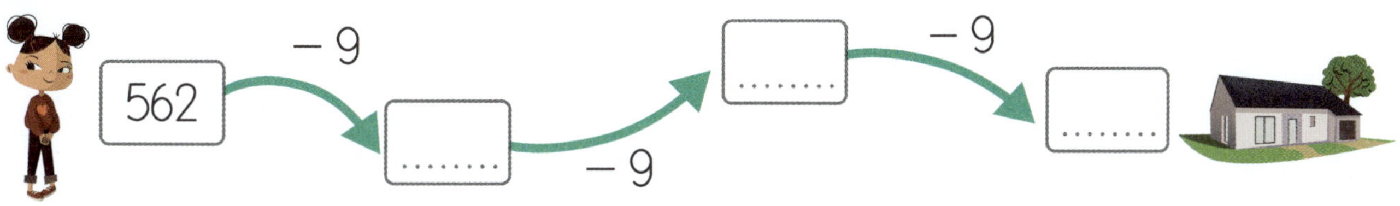

Création mathématique. Choisis un nombre à trois chiffres, puis retire-lui 9 plusieurs fois en écrivant à chaque fois le résultat obtenu.

22 Déterminer la moitié des nombres pairs de 2 à 30

Date : ....

Calculer la moitié des nombres pairs entre 2 et 20.

1 Entoure les nombres pairs.

5 10 18 11 7 16 14

2 1 3 15 20 4 9 6

2 Complète les phrases.

La moitié de 10 est 5 car 10 = 5 + 5.

La moitié de 8 est .... car .... + ... = ...

La moitié de 20 est .... car .... + ... = ...

La moitié de 16 est .... car .... + ... = ...

La moitié de 12 est .... car .... + ... = ...

3 L'abeille ne se pose que sur les moitiés des nombres pairs entre 2 et 20. Colorie les fleurs sur lesquelles elle va se poser.

→ Le raisin est plus .... que l'ananas.

Déterminer la moitié des nombres pairs de 2 à 30

Date : ....

Calculer la moitié des nombres pairs entre 2 et 30.

1 Effectue les calculs avec la méthode de ton choix.

La moitié de 24 est	La moitié de 20 est	La moitié de 18 est	La moitié de 22 est ....

2 Résous le problème.

Alia et Malo jouent à la bataille avec un paquet de 28 cartes. Malo les distribue toutes. Combien chacun a-t-il de cartes ?

....

....

....

3 Amir a surligné les nombres qui sont pairs selon lui. Corrige son travail en entourant les nombres pairs et en barrant les erreurs.

4 11 28 15 10 13 50 64 37 18 9 1 3

Création mathématique. Choisis un nombre pair entre 2 et 30 et demande à un autre élève de trouver sa moitié.

23 Comprendre les fractions unitaires

Date : ....

Lire et écrire les fractions.

1 Complète les pièces de puzzle pour associer chaque fraction à sa représentation.

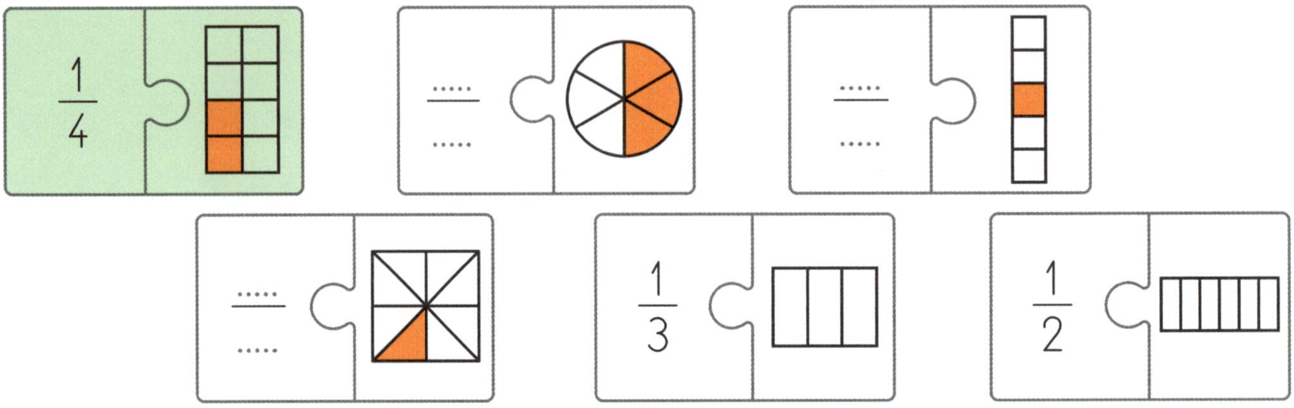

2 Colorie $\frac{1}{5}$ de chaque figure.

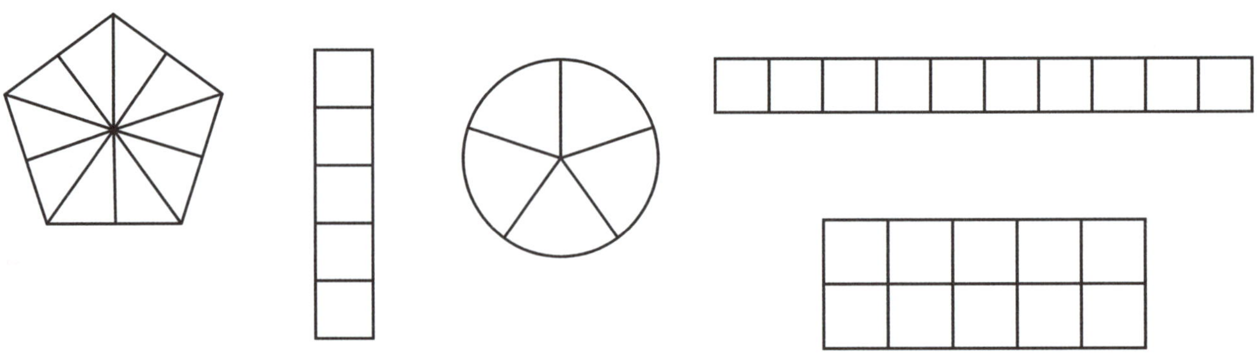

Création mathématique. Décris la fraction de ton choix, puis représente-la.

Je suis une partie d'une bande coupée en trois parts égales, je suis $\frac{1}{3}$. 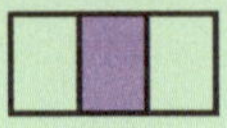

Description de ma fraction

Représentation de ma fraction

24 La table des multiplications par 5

Date : ....

Connaitre dans les deux sens la table des multiplications par 5.

1 Trace le chemin que suit le renard pour rejoindre son terrier.
Il ne passe que par les buissons qui contiennent les résultats de la table de 5.

2 Effectue les multiplications.

$2 \times 5 =$	$5 \times 2 =$	$5 \times$ ..... $= 0$	$7 \times 5 =$ .....
$5 \times$ ..... $= 25$	$6 \times 5 =$	$5 \times 4 =$	$5 \times$ ..... $= 15$
$5 \times 1 =$	$5 \times$ ..... $= 40$	$5 \times 9 =$	$5 \times 6 =$ .....

3 Colorie de la même couleur les étiquettes de même valeur.

5×5 | 5×3 | 5×2

$5 + 5$

$5 + 5 + 5 + 5 + 5$

10

25

$5 + 5 + 5$

3×5

$3 + 3 + 3 + 3 + 3$

15

2×5

$2 + 2 + 2 + 2 + 2$

Création mathématique. Crée une multiplication par 5 en rectangle, puis indique son résultat.

25 Mémoriser les doubles de centaines

Date : ....

Mémoriser les doubles de 100, 150, 200, 250, 300, 500.

1 Effectue les calculs avec la méthode de ton choix.

Le double de 150 est	Le double de 250 est	Le double de 300 est	Le double de 500 est ....

2 Trouve les doubles pour compléter les dominos.

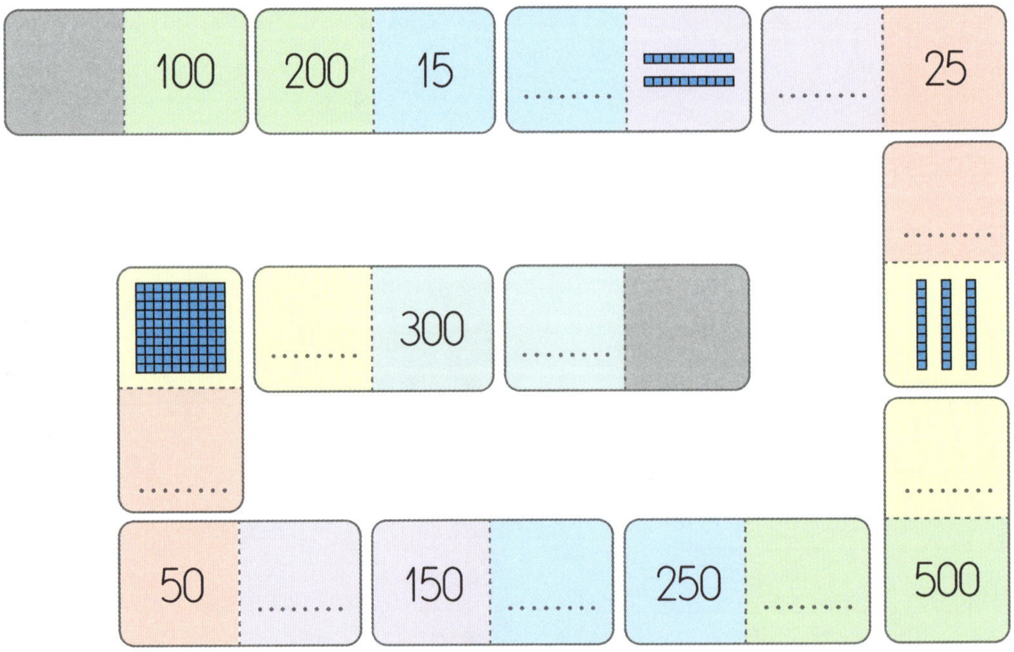

Création mathématique. Écris le double des nombres de ton choix sous la forme d'une addition ou d'une multiplication, puis calcule-les.

26 Connaitre et utiliser l'unité kilomètre (km)

Date : ....

Connaitre et utiliser le kilomètre.

1 Coche la case de l'unité de longueur la plus adaptée.

	cm	m	km
La longueur d'une piscine se mesure en ...	☐	☐	☐
La distance entre deux villes se mesure en ...	☐	☐	☐
La taille d'un insecte se mesure en ...	☐	☐	☐
La taille d'une baleine se mesure en ...	☐	☐	☐
La distance entre l'école et la piscine se mesure en ...	☐	☐	☐
La longueur d'un stylo se mesure en ...	☐	☐	☐

2 Estime la longueur qui convient le mieux et entoure-la.

2 cm
20 cm
2 m

400 cm
150 cm
4 km

10 km
800 cm
300 m

775 m
7 750 cm
775 km

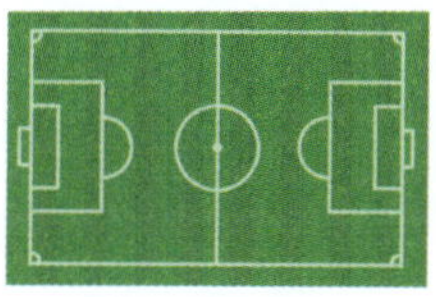

105 m
550 cm
20 m

Création mathématique. Choisis un objet dans la classe et estime sa longueur. Vérifie ensuite avec un mètre ruban.

Mon objet est .... J'estime qu'il mesure .... En réalité, mon objet mesure ....

Mémo

J'ai découvert **le nombre 1 000** et appris à le représenter.

1 000 = 10 centaines = 100 dizaines = 1 000 unités

1 000 = 10 C = 100 D = 1 000 U

$1\,000 = 10 \times 100 = 100 \times 10$

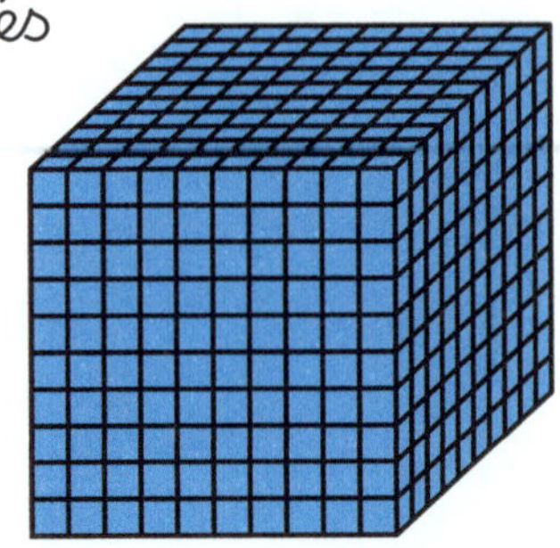

J'ai appris à calculer **les doubles** de certains nombres.

Calculer le double de 35,
c'est comme calculer 35×2.

$35 \times 2 = 35 + 35$

$30 + 30 \quad + \quad 5 + 5$

$60 + 10$

70

Les doubles que j'ai découverts :

$1 \times 2 = 2$	$13 \times 2 = 26$
$2 \times 2 = 4$	$14 \times 2 = 28$
$3 \times 2 = 6$	$15 \times 2 = 30$
$4 \times 2 = 8$	$25 \times 2 = 50$
$5 \times 2 = 10$	$35 \times 2 = 70$
$6 \times 2 = 12$	$45 \times 2 = 90$
$7 \times 2 = 14$	$100 \times 2 = 200$
$8 \times 2 = 16$	$150 \times 2 = 300$
$9 \times 2 = 18$	$200 \times 2 = 400$
$10 \times 2 = 20$	$250 \times 2 = 500$
$11 \times 2 = 22$	$300 \times 2 = 600$
$12 \times 2 = 24$	$500 \times 2 = 1\,000$

Mémo

J'ai appris que, pour soustraire 9 à un nombre, je soustrais d'abord 10, puis j'ajoute 1.

735 – 9 = 735 – 10 + 1 = 725 + 1 = 726

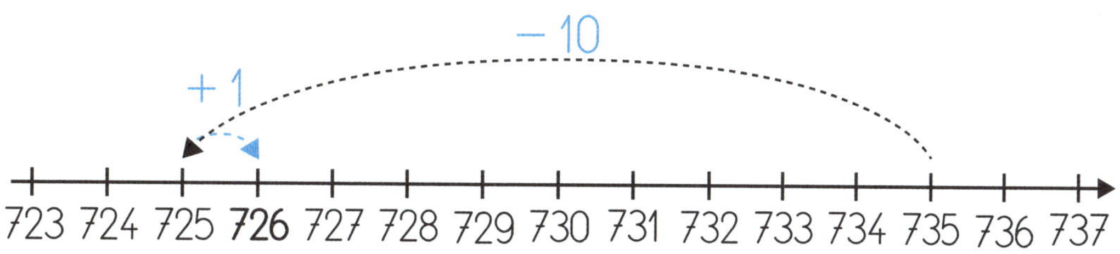

J'ai appris à reconnaitre et à écrire des **fractions**.

$\frac{1}{8}$

Numérateur = nombre de parts du tout que l'on prend

Dénominateur = nombre de parts égales qui composent le tout

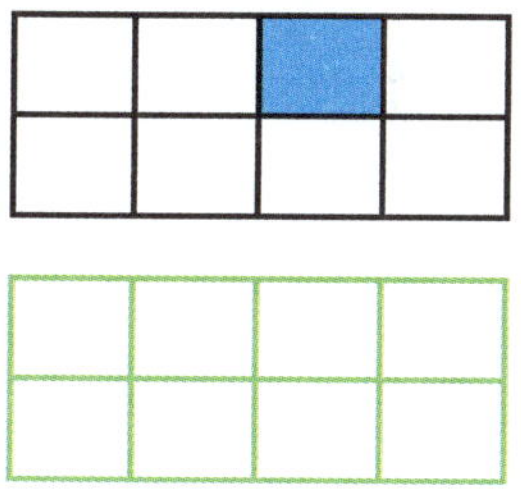

Les fractions que je connais :

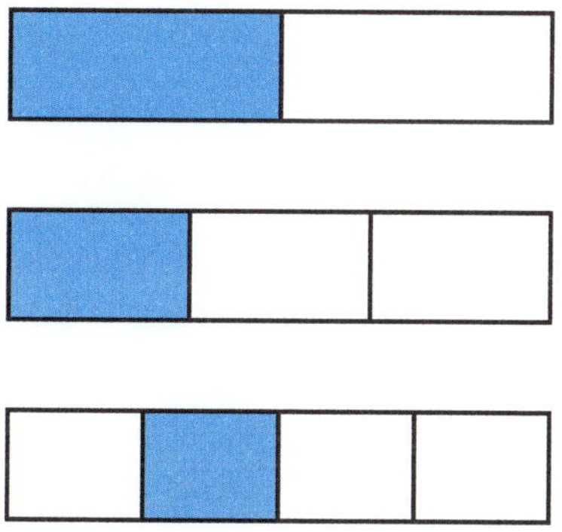

$\frac{1}{2}$

$\frac{1}{3}$

$\frac{1}{4}$

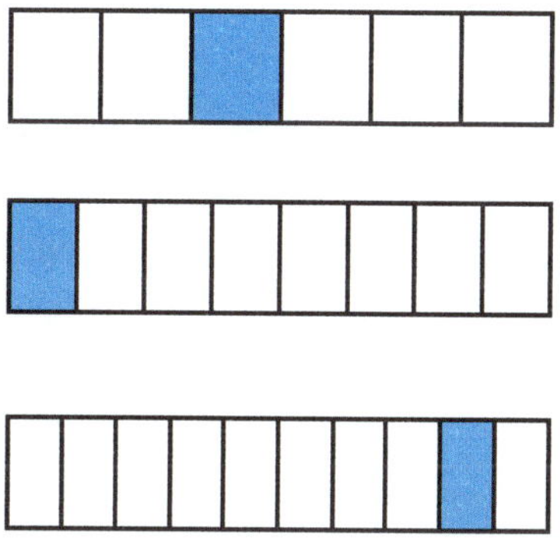

$\frac{1}{6}$

$\frac{1}{8}$

$\frac{1}{10}$

J'ai découvert une nouvelle unité de mesure de longueur : **le kilomètre.**

J'ai appris qu'un kilomètre mesure 1 000 mètres.

1 km = 1 000 m

On utilise le kilomètre pour mesurer de grandes distances.

- Pour aller de l'école à la mairie, il faut parcourir 9 km.
- Il y a 225 km entre Mulhouse et Dijon.

Maths à la maison

Quelle distance ?

Dans la rue, quand tu vois un panneau avec une distance, dis à voix haute si elle est indiquée en mètre ou en kilomètre.

Combien de dizaines ?

Quand tu vois la plaque d'immatriculation d'une voiture, dis à voix haute son nombre de dizaines.

Quartier d'agrume

Lorsque tu manges un agrume, dis la fraction représentée par un quartier.

Multiplications en folie

Lorsque tu vois un nombre, dis s'il appartient à la table des multiplications par 3, 4 ou 5.

Le poker des centaines

Prends un paquet de cartes numérotées de 1 à 9 et distribue trois cartes à chaque joueur, qu'ils peuvent regarder mais ne montrent pas aux autres.
Tour à tour, chaque joueur peut décider de défausser une, deux ou ses trois cartes puis d'en repiocher le même nombre dans le paquet.
Une fois que c'est fait, chaque joueur place devant lui ses trois cartes dans l'ordre de son choix afin de former un nombre à trois chiffres. Le joueur ayant formé le nombre le plus grand a gagné.

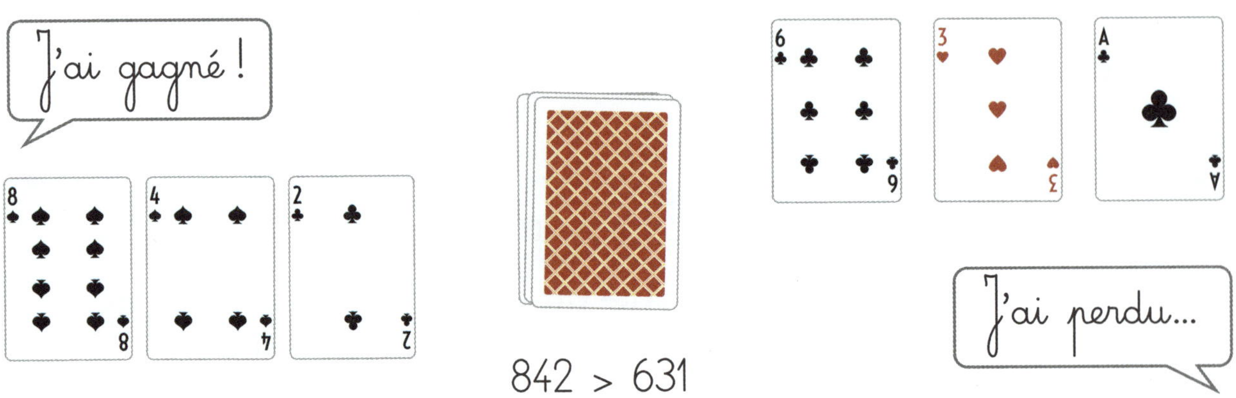

Perdus au Pérou !

À la classe de CE1

Avec les copains, nous voulons visiter le Machu Picchu, mais je crois bien que nous sommes perdus. Aide-nous à retrouver le chemin !

Sofia

La version numérique sur LLS.fr/MCE1Escape2

1

Altitude du Machu Picchu : 2 430 m

Complète l'égalité.

2 430 m = …… km + …… m

2 Écris le résultat du calcul sur le second lama.

467 – 9 ………

3 Écris la fraction représentée par cette tunique.

$\frac{\dots\dots\dots}{\dots\dots\dots}$

4 Colorie les briques du mur qui sont des résultats de la table des multiplications par 3.

28 23 6 27 7

8 13 30

1 3

11

15

C'est ça ! Il faut qu'on suive le chemin de l'

| …… | …… | …… | …… |

27 Comprendre les nombres ordinaux jusqu'à 100

Date : ....

Comprendre et utiliser les nombres ordinaux jusqu'à 100.

1 Complète les suites, puis entoure la bonne réponse.

Quelle est la couleur de la 14ᵉ étoile ?

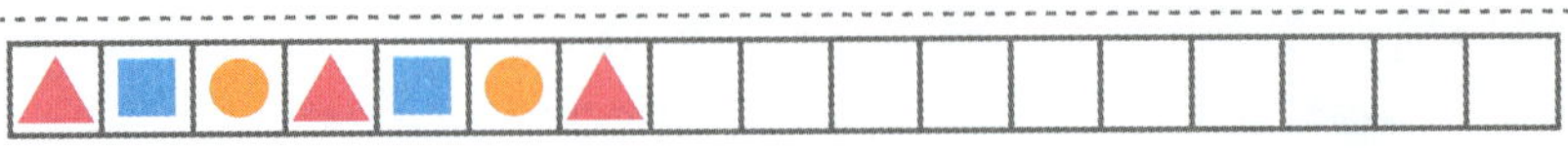

Quel est le 17ᵉ symbole ?

Quel est le 20ᵉ symbole ?

2 Observe les suites, puis complète les phrases.

2	4	6	8	10	12

Le quinzième nombre est ....

A	B	A	B	A	B	A	B	A

La vingt-deuxième lettre est ....

A	B	U	F	A	B	U	F	A	B	U	F	A	B	U

La dix-neuvième lettre est ....

A	C	E	G	I	K	M	O	Q

La onzième lettre est ....

1	2	4	7	11	16

Le huitième nombre est ....

2	4	8	14	22	32

Le septième nombre est ....

Création mathématique. Crée une suite de dix éléments, puis complète la phrase.

Ma suite :

Le vingtième élément est ....

28 Comprendre les fractions inférieures ou égales à 1

Date : ....

Savoir interpréter, représenter, écrire et lire des fractions.

1

Entoure les figures dont la partie bleue représente $\frac{5}{8}$ de la figure.

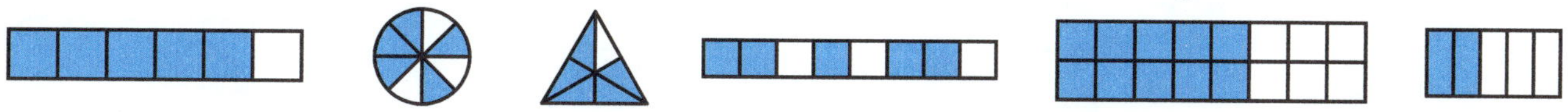

2

Complète les dominos.

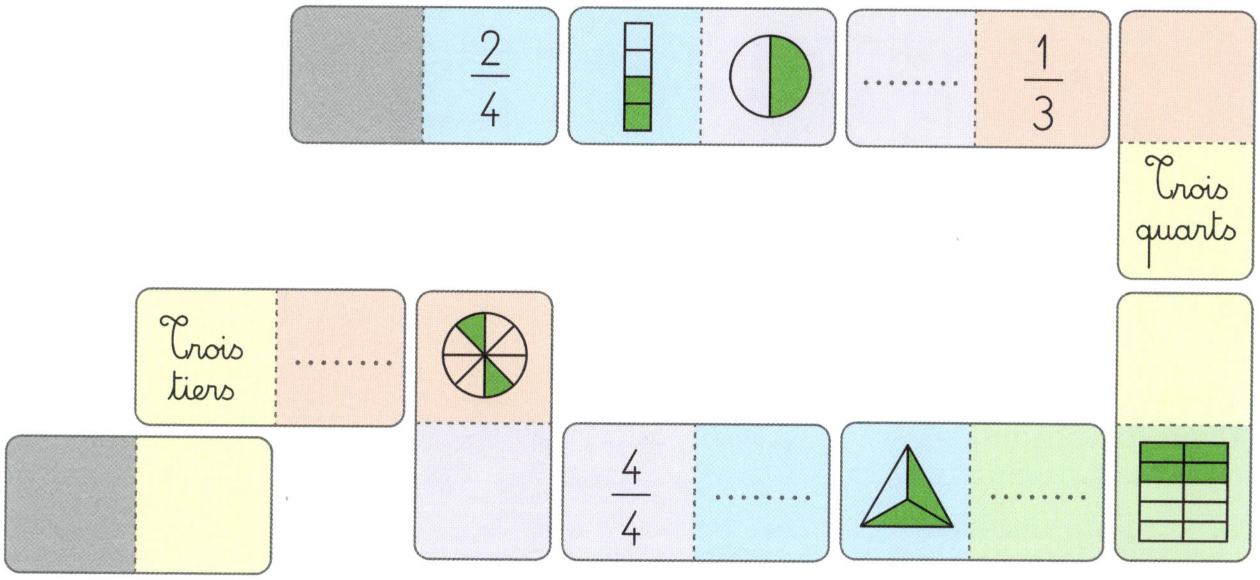

3

Écris la fraction qui correspond à la partie colorée de la figure.

$\frac{.....}{.....}$ $\frac{.....}{.....}$ $\frac{.....}{.....}$ $\frac{.....}{.....}$

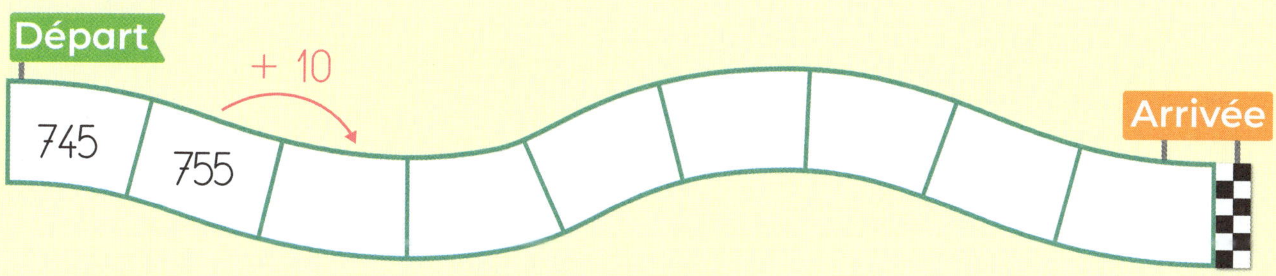

Comprendre les fractions inférieures ou égales à 1

Date : ....

Savoir interpréter, représenter, écrire et lire les fractions.

1 Colorie de la même couleur les étiquettes qui représentent des fractions égales.

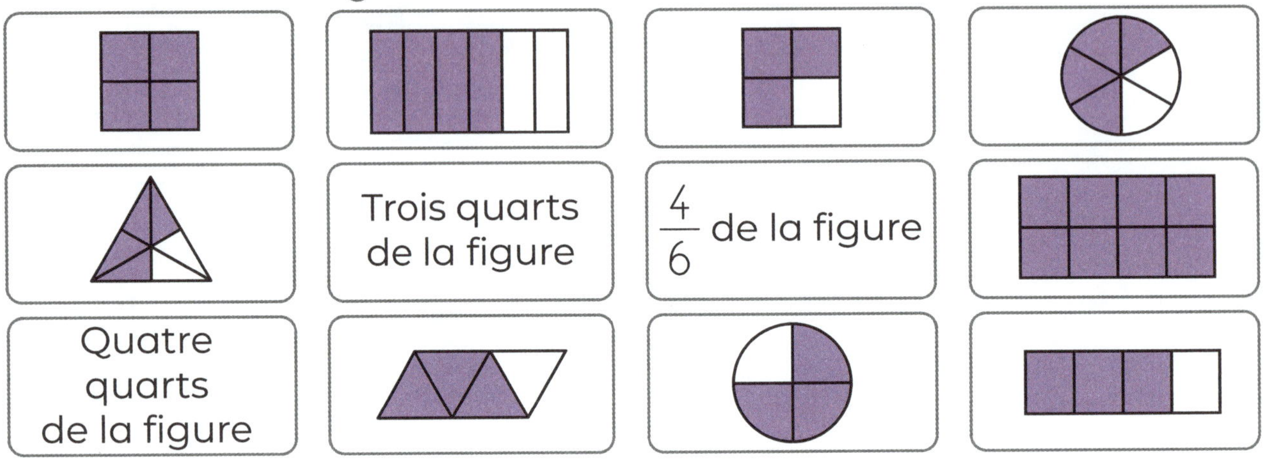

2 Écris la fraction demandée.

Trois quarts : $\frac{.....}{.....}$

Deux sixièmes : $\frac{.....}{.....}$

Six dixièmes : $\frac{.....}{.....}$

Cinq huitièmes : $\frac{.....}{.....}$

Quatre dixièmes : $\frac{.....}{.....}$

Deux demis : $\frac{.....}{.....}$

Création mathématique. Décris la fraction de ton choix, puis représente-la.

Je suis deux parties d'une forme coupée en trois parts égales, je suis $\frac{2}{3}$.

29 Calculer des soustractions en colonnes (cassage)

Date : ....

Poser et calculer des soustractions en colonnes.

1

Effectue la soustraction de ton choix.

52 − 34 = ...

	5	2
−	3	4

40 − 22 = ...

	4	0
−	2	2

2

Résous le problème en posant une soustraction en colonnes.

La maitresse a acheté 65 stylos
et en donne 27 à ses élèves.
Combien lui en reste-t-il ?

....

....

....

−		

3

Méli a posé trois fois la même soustraction mais deux sont fausses.
Entoure les erreurs en noir et la soustraction qui est juste en vert.

	①4	2
−	2	8
	7	0

	4	①2
−	2	8
	2	4

	③	
	~~4~~	①2
−	2	8
	1	4

Calculer des soustractions en colonnes (compensation)

Date : ....

Poser et calculer des soustractions en colonnes.

1 Sofia a schématisé une soustraction par compensation, mais s'est trompée. Explique son erreur et comment la corriger.

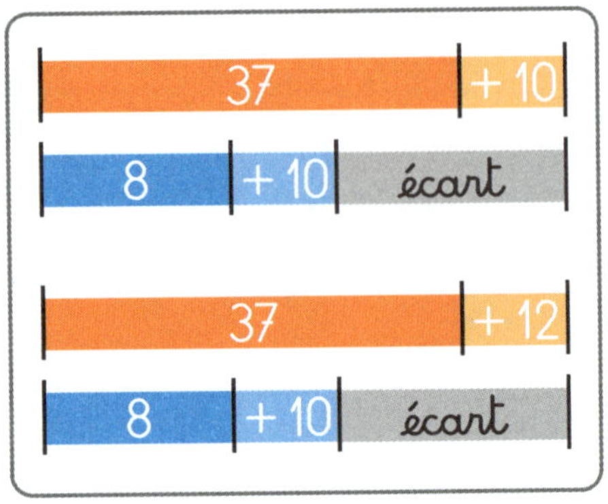

....

....

....

....

2 Effectue la soustraction de ton choix.

52 – 34 = ...

	5	2
–	3	4

40 – 22 = ...

	4	0
–	2	2

3 Amir a posé trois fois la même soustraction mais deux sont fausses. Entoure les erreurs en noir et la soustraction qui est juste en vert.

	6	(1)4
–	(1)2	9
	9	5

	6	(1)4
–	(1)2	9
	3	5

	6	(1)4
–	2	9
	4	5

Calculer des soustractions en colonnes

Date : ....

Poser et calculer des soustractions en colonnes.

1 Essaie de calculer ces soustractions en ligne. Si tu n'y arrives pas, pose-les en colonnes.

75 – 38 = ... 37 – 12 = ... 80 – 26 = ... 77 – 38 = ...

2 Résous le problème.

Combien de feutres de moins y a-t-il dans le pot carré ?

....

....

Calculer des soustractions en colonnes

Date : ....

Poser et calculer des soustractions en colonnes.

1 Associe chaque calcul à son résultat en coloriant les étiquettes de la même couleur.

	3	2	8
−		5	9

	5	7
−	3	8

	1	4	5
−		2	9

	2	8	2
−	1	5	3

116   269

129   207

19   17

Création mathématique. Pose une soustraction en colonnes, demande à un autre élève de la calculer, puis vérifie.

30 La table des multiplications par 6

Date : ....

Connaitre dans les deux sens la table des multiplications par 6.

1 Trace le chemin que suit la grenouille jusqu'à l'étang. Elle ne passe que par les nénufars qui contiennent les résultats de la table de 6.

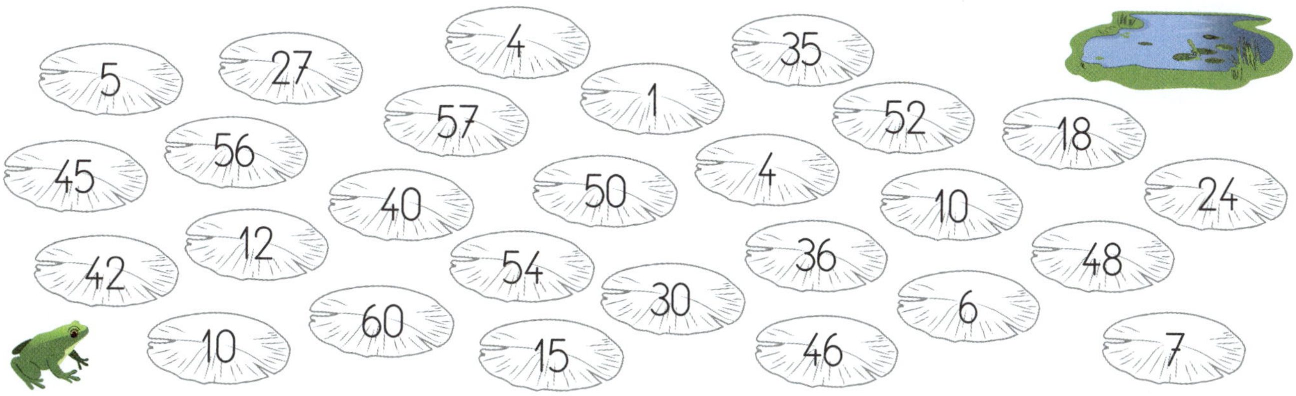

2 Effectue les multiplications.

2 × 6 = ...	6 × 5 = ...	6 × ..... = 36	7 × 6 = ...
6 × 10 = ...	6 × 0 = ...	9 × 6 = ...	6 × ..... = 24
1 × 6 = ...	3 × 6 = ...	5 × 6 = ...	8 × 6 = ...

3 Colorie de la même couleur les étiquettes de même valeur.

6 × 3 | 2 × 6 | 6 × 4

6 + 6

4 × 6

2 + 2 + 2 + 2 + 2 + 2

6 + 6 + 6

6 × 2

12

18

24

4 × 3 × 2

4 + 4 + 4 + 4 + 4 + 4

Création mathématique. Crée une multiplication par 6 en rectangle, puis indique son résultat.

31 Mémoriser les moitiés des dizaines et centaines

Date : ....

Mémoriser les moitiés de 30, 40, 50, 60, 70, 80 et 90.

1 Colorie de la même couleur chaque nombre et sa moitié.

Nombres

30 80 60 90
40 50 70

Moitiés

45 20 40 35
15 30 25

2 Calcule la moitié des nombres.

- *Une heure dure 60 minutes.*
  La moitié d'une heure dure .... *minutes.*
- *Une demi-heure dure 30 minutes.*
  La moitié de ce temps équivaut à .... *minutes.*
- *1 h 30 est égale à 90 minutes.*
  La moitié de ce temps dure .... *minutes.*
- *1 h 10 est égale à 70 minutes.*
  La moitié de ce temps équivaut à .... *minutes.*

Le code du coffre au trésor est le plus grand nombre possible.

3 6 8 5 6 7 1 5 3

Mémoriser les moitiés des dizaines et centaines

Date : ....

Connaitre les moitiés de 200, 300, 400, 500, 600 et 1 000.

1 Effectue les calculs avec la méthode de ton choix.

La moitié de 200 est	La moitié de 300 est	La moitié de 400 est ....
La moitié de 1 000 est	La moitié de 600 est	La moitié de 500 est ....

2 Effectue les calculs pour trouver le code du coffre au trésor.

La première partie du code est la moitié de la moitié de 600. La seconde partie du code est la moitié de la moitié de 400.

....

Création mathématique. Calcule la moitié des nombres de ton choix.

32 La table des multiplications par 7

Date : ....

Connaitre dans les deux sens la table des multiplications par 7.

1 Trace le chemin que suit l'abeille pour rejoindre sa ruche. Elle ne passe que par les fleurs qui contiennent les résultats de la table de 7.

2 Effectue les multiplications.

$7 \times 4 =$	$10 \times 7 =$	$2 \times 7 =$	$7 \times 3 =$ .....
$7 \times$ ..... $= 14$	$7 \times 0 =$	$5 \times 7 =$	..... $\times 7 = 42$
$7 \times 7 =$	..... $\times 7 = 7$	$7 \times$ ..... $= 56$	$7 \times 9 =$ .....

3 Colorie de la même couleur les étiquettes de même valeur.

7×3 | 7×4 | 7×7

4×7

$7 + 7 + 7 + 7$

$7 \times 2 \times 2$

$7 + 7 + 7$

49

3×7

28

21

$2 \times 2 \times 7$

$7 + 7 + 7 + 7 + 7 + 7 + 7$

Création mathématique. Crée une multiplication par 7 en rectangle, puis indique son résultat.

33 Découvrir la pyramide à base carrée

Date : ....

Reconnaitre, nommer et décrire une pyramide à base carrée.

1 Entoure les pyramides à base carrée.

2 Coche la description qui correspond à la pyramide du Louvre.

- ☐ La pyramide du Louvre possède 5 faces qui sont des triangles, 8 arêtes et 5 sommets.
- ☐ La pyramide du Louvre possède 6 faces qui sont des carrés, 12 arêtes et 8 sommets.
- ☐ La pyramide du Louvre possède 5 faces (4 sont des triangles et 1 un carré), 8 arêtes et 5 sommets.

3 Voici un pavé droit fabriqué avec des allumettes et de la pâte à modeler. Coche le matériel nécessaire pour construire une pyramide à base carrée.

- ☐ 8 allumettes et 4 boules de pâte à modeler.
- ☐ 5 allumettes et 5 boules de pâte à modeler.
- ☐ 8 boules de pâte à modeler et 12 allumettes.
- ☐ 5 boules de pâte à modeler et 8 allumettes.

Création mathématique. Pense à un solide, écris sa description, puis demande à un autre élève de le nommer.

Description de mon solide : ....
....
....

Nom de mon solide :
....

34 Situer des personnes ou des objets

Date : ....

Utiliser le vocabulaire de position pour décrire des images.

1 De ton point de vue, indique si les descriptions sont vraies ou fausses.

La pyramide est à droite de Méli.

Vrai Faux

Méli est devant la pyramide.

Vrai Faux

Méli est à l'arrière droite de la pomme de pin.

Vrai Faux

2 Coche ce que dirait Méli pour situer la pomme de pin par rapport à elle.

- ☐ La pomme de pin est devant moi, sur ma gauche.
- ☐ La pomme de pin est devant moi, sur ma droite.
- ☐ La pomme de pin est derrière la pyramide.

3 Dessine ce qui est décrit.

Un carré bleu se trouve dans un triangle.
Un cercle touche un sommet du triangle.
Sous le triangle, il y a un rectangle.

Situer des personnes ou des objets

Date : ....

Situer un objet dans la classe.

1 Voici une image représentant une classe. Entoure le plan qui correspond.

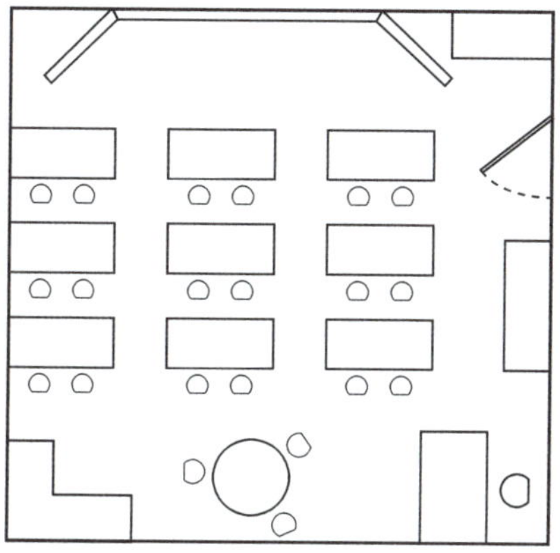

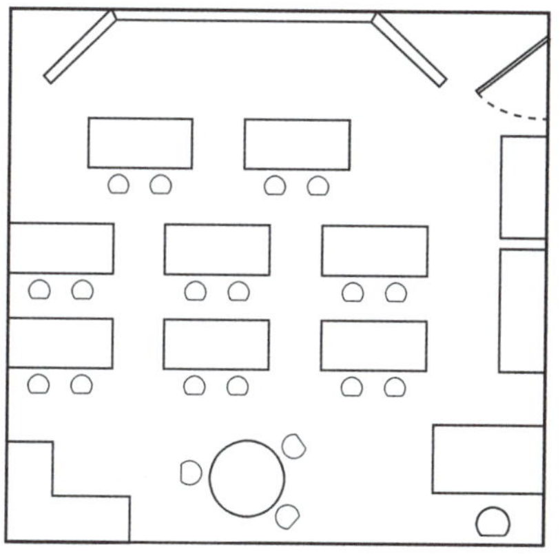

2 Suis les instructions.

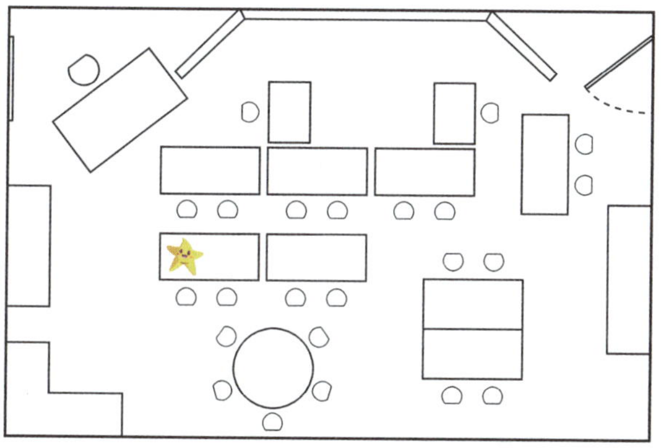

- Entoure le tableau.
- Fais un point rouge à la place d'Amir, qui est à droite de Méli.
- Fais un point bleu pour représenter Sofia, qui est devant Amir.
- Fais une croix pour placer Malo, qui se trouve à la place à gauche lorsqu'on entre dans la classe.

Création mathématique. Place une croix, puis décris sa position par rapport au cercle.

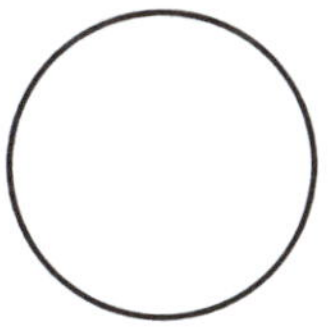

....

35 Multiplier par 10 un nombre inférieur à 100

Date : ....

Multiplier par 10 un nombre inférieur à 100.

1 Effectue les multiplications.

$14 \times 10 =$ ....

$78 \times 10 =$ ....

$10 \times 7 =$ ....

$25 \times 10 =$ ....

$10 \times 99 =$ ....

$32 \times 10 =$ ....

$10 \times 72 =$ ....

$10 \times 11 =$ ....

$50 \times 10 =$ ....

2 Calcule les égalités.

$12 \times$ ...... $= 120$

$670 =$ ...... $\times 10$

...... $\times 10 = 600$

$10 \times$ ...... $= 530$

$400 =$ ...... $\times 10$

...... $\times 10 = 920$

$87 \times$ ...... $= 870$

$880 = 10 \times$ ......

...... $\times 10 = 1\,000$

3 Combien d'argent possède Méli dans son portemonnaie ?

...... × ...... = ...

....

....

....

Création mathématique. Complète l'énoncé du problème et résous-le.

À la librairie, il y a ...... piles de 10 livres. Combien y a-t-il de livres ?

....

....

36 Différencier le triangle et le triangle rectangle

Date : ....

Découvrir les angles.

1 Code tous les angles que tu vois.

2 Colorie les triangles en suivant les instructions.

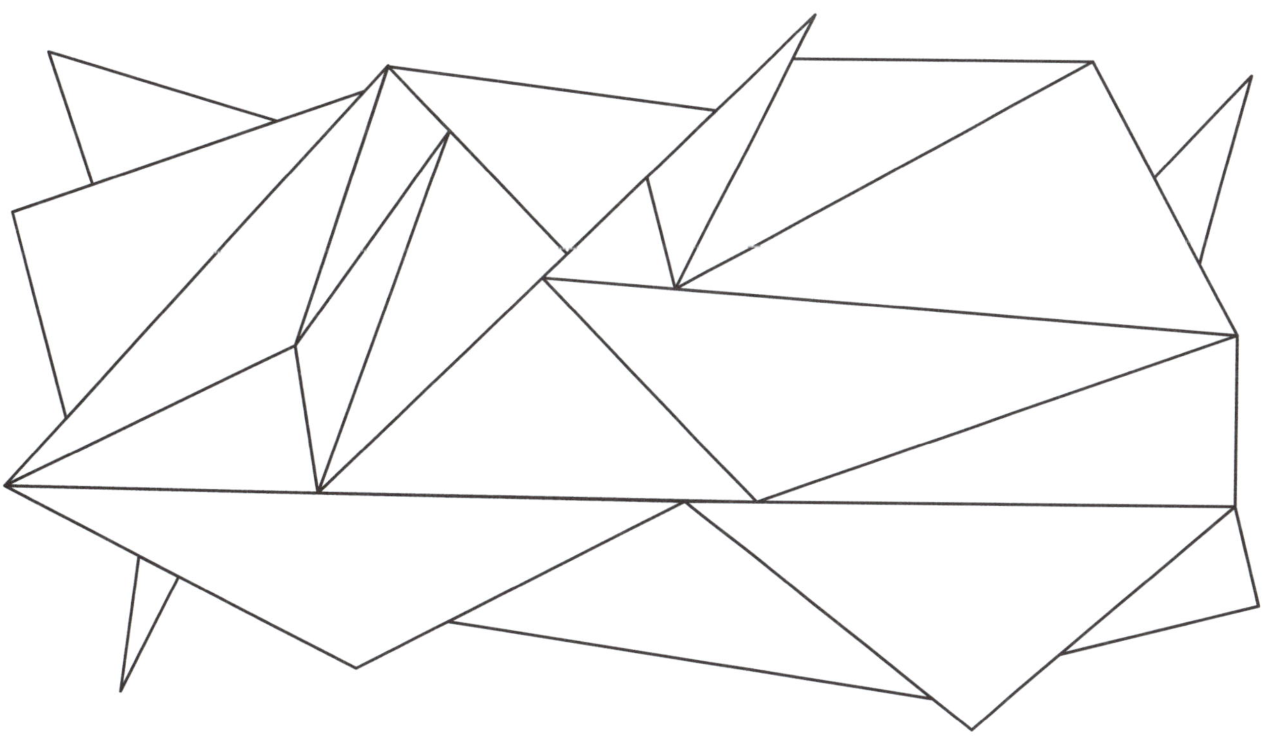

Triangle avec angle obtus (bleu) — Triangle avec angle droit (orange)

Différencier le triangle et le triangle rectangle

Date : ....

Reconnaitre, nommer et décrire un triangle et un triangle rectangle.

1 Relie chaque triangle à sa description.

- J'ai 3 sommets, 3 côtés et 3 angles.
- J'ai 3 sommets, 3 côtés et 3 angles, dont 1 angle droit.

2 Code l'angle droit sur les triangles rectangles.

3 Reproduis les triangles suivants.

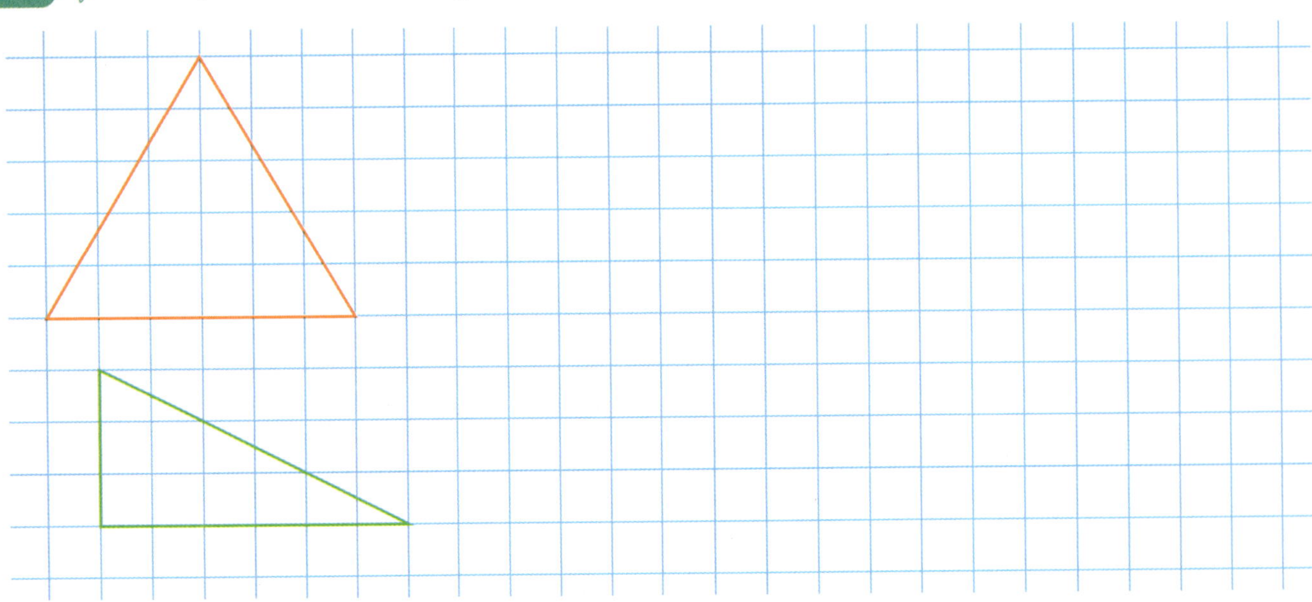

Différencier le triangle et le triangle rectangle

Date : ....

Tracer des triangles et des triangles rectangles.

1 Trace un triangle avec un angle obtus.

2 Trace un triangle rectangle.

3 Trace un triangle avec trois angles aigus.

Création mathématique. Trace les triangles de ton choix, dont au moins un triangle rectangle.

37 Multiplier des nombres inférieurs à 20 (1)

Date : ....

Multiplier un nombre supérieur à 10 par un nombre inférieur à 10.

1 Résous le problème de ton choix.

Lily prépare 6 paquets de 18 cartes. De combien de cartes a-t-elle besoin ?

Elle a besoin de .... cartes.

Le code du coffre au trésor est le résultat de 7×19.

....

2 Écris un nombre inférieur à 10 dans la case jaune, puis effectue le calcul.

.... × 12 = ...	.... × 15 = ...	13 × .... = ...
.... × 16 = ...	11 × .... = ...	.... × 14 = ...

Création mathématique. Choisis un nombre inférieur à 10 et un nombre supérieur à 10, puis multiplie-les.

Date : ....

Connaitre le sens de l'écriture à virgule d'une somme d'argent.

1 Complète les différentes écritures de la somme d'argent contenue dans chaque portemonnaie.

..... euros + ... centimes

..... € et ..... centimes

.... centimes

Les euros ....., ... € Les centimes

..... euros + ... centimes

..... € et ..... centimes

.... centimes

....., ... €

2 Calcule les égalités.

2 € et 17 centimes = ..., ... €

3 € et 5 centimes = ..., ... €

1 € et 120 centimes = ..., ... €

92 centimes = ..., ... €

170 centimes = ..., ... €

525 centimes = ... € et .... centimes

6,04 € = ... € et ..... centimes

0,48 € = ... centimes

Trouve le chemin pour que Amir et Malo rejoignent Méli. Amir ne passe que par les cases contenant les résultats de la table de 3 et Malo par celles de la table de 5.

15	21	2	13	15	50	30	4	
	3	14	30		18	35	45	
	9	12	24	34	37	56	5	25

La monnaie : comprendre l'écriture à virgule

Date : ....

Simuler des achats et rendre la monnaie.

1 Pour chaque achat, indique la monnaie à rendre.

Ce qui est payé

..... € .....

Ce qui doit être rendu

..... € .....

Ce qui est payé

..... € .....

Ce qui doit être rendu

..... € .....

2 Résous le problème.

Sofia a payé un livre 12 € et on lui a rendu 9,25 €.
Quel est le prix du livre acheté par Sofia ?

Le livre a couté ..... € ..... à Sofia.

Création mathématique. Dessine une somme d'argent dans le portemonnaie, puis représente ses différentes écritures.

..... euros
\+ ..... centimes

..... € et
..... centimes

.... centimes

........, ... €

39 Identifier l'objet le plus léger ou le plus lourd

Date : ....

Identifier si un objet est le plus léger ou le plus lourd.

1

Amir pense que la banane est plus lourde que l'ananas, et que l'ours en peluche est plus lourd que le ballon. A-t-il raison ?

Oui, il a raison.

Non, il se trompe.

2

Sur chaque balance, colorie l'élément le plus lourd en vert et l'élément le plus léger en orange.

3

Classe ces aliments du plus lourd au plus léger.

..... > ..... > .....

Création mathématique. Dessine une balance avec deux objets, puis demande à un autre élève de dire quel est l'objet le plus lourd.

Mémo

J'ai appris à multiplier par 10 un nombre inférieur à 100.

Je calcule 36×10 :

- $36 = 3\ D + 6\ U$
- 3 dizaines multipliées par 10 sont égales à 30 dizaines ou 3 centaines, c'est-à-dire 300
- 6 unités isolées multipliées par 10 sont égales à 60 unités isolées ou 6 dizaines, c'est-à-dire 60
- $300 + 60 = 360$

Donc $36 \times 10 = 360$.

J'ai appris à **décomposer** un nombre pour le multiplier.

Je calcule 28×6 :

- $28 = 20 + 8$
- $28 \times 6 = 20 \times 6 + 8 \times 6$
  $= 120 + 48$
  $= 168$

Donc $28 \times 6 = 168$.

Je calcule 34×3 :

34×3

$= 3\ D \times 3 + 4\ U \times 3$

$= 9\ D + 12\ U$

$= 102$

Donc $34 \times 3 = 102$.

J'ai appris à poser et effectuer une soustraction en colonnes.

Méthode par cassage

5 (barré, remplacé par 4) 14
− 2 8
= 2 6

Je casse une dizaine.

$4 - 2 = 2$ $14 - 8 = 6$

Méthode par compensation

$2 + 1 = 3$
Je vais soustraire 3.

5 14
− 2 8
(1 ajouté sous le 2)
= 2 6

4 est plus petit que 8, je lui donne 10, que je donne aussi à l'autre terme (2).

$5 - 3 = 2$ $14 - 8 = 6$

J'ai découvert les différents types **d'angles** et ce qu'est un **triangle rectangle.**

Un triangle est un polygone qui a trois côtés et trois angles.
Un triangle rectangle est un triangle qui a un angle droit.

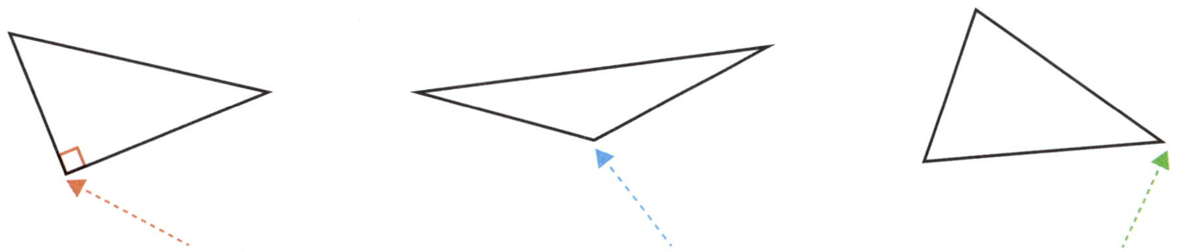

L'angle est **droit.** Le triangle est un **triangle rectangle.**

L'angle est **obtus.** Il est **plus grand** que l'angle droit.

L'angle est **aigu.** Il est **plus petit** que l'angle droit.

J'ai appris ce qu'est une **pyramide à base carrée.**

Une pyramide à base carrée est un solide dont toutes les faces sont triangulaires, sauf la base qui est carrée. Elle possède 5 sommets, 5 faces et 8 arêtes.

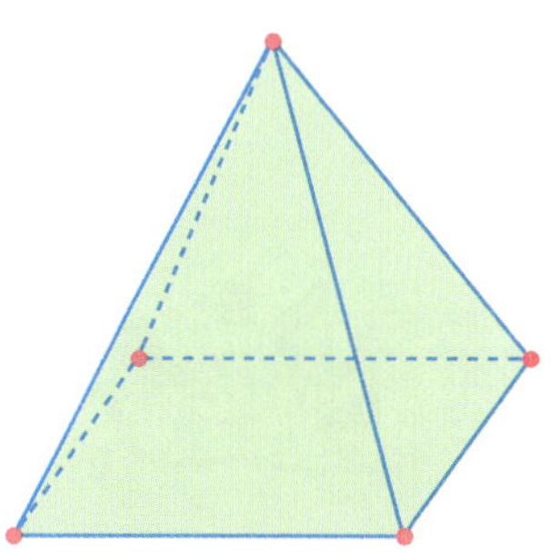

J'ai appris à écrire des sommes d'argent avec des nombres à virgule.

La partie à gauche de la virgule représente les euros, et la partie à droite de la virgule représente les centimes d'euro.

12 € 39 centimes	50 € 4 centimes
12 euros → 12,39 € ← 39 centimes	50 euros → 50,04 € ← 4 centimes

Maths à la maison

Plus ou moins lourd ?

À la maison, pointe du doigt les objets plus lourds que toi, et touche ceux qui sont plus légers que toi.

Photo de groupe

Sur une photo de ton entourage, décris la position de chaque personne par rapport aux autres.

Les prix

Regarde le prix d'un objet quand tu vas dans un magasin et imagine de quels billets et de quelles pièces tu aurais besoin pour l'acheter.

Calendrier

Dis depuis combien de jours et de semaines l'année a commencé.

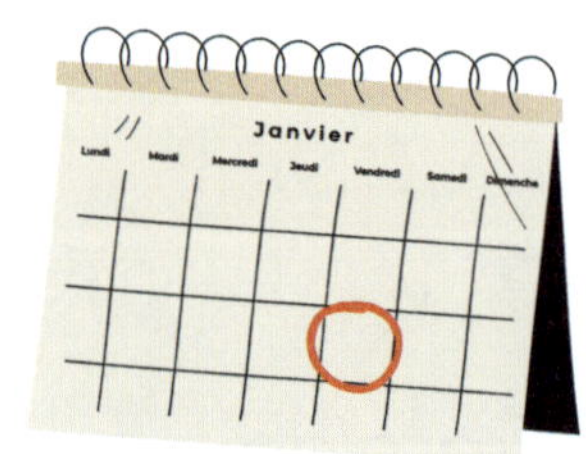

Les dés multipliés

Ce jeu se joue à deux joueurs et avec cinq dés.
Un des joueurs lance les cinq dés. Chaque joueur prend alors deux dés de son choix parmi les cinq sur la table et multiplie le résultat de ces deux dés. Le joueur qui a obtenu le plus grand résultat a gagné.

Mystère au Caire

À la classe
de CE1

Pas loin des pyramides,
j'ai trouvé une étrange
tablette avec des hiéroglyphes.
Peux-tu m'aider à
la déchiffrer ?

Alia

La version numérique sur **LLS.fr/MCE1Escape3**

1 Réalise le calcul.

```
   6 8
 – 4 9
 ─────
 ........
```

2 Complète la description.

La pyramide de Khéops possède
...... sommets et ...... faces,
dont ...... sont des triangles.

3 Colorie en bleu les triangles rectangles.

4 Écris la somme d'argent demandée par Malo.

......,...... €

40 Lire et construire un tableau à double entrée

Date : ....

Lire et construire un tableau à double entrée.

Dans une école, nous avons posé la question suivante :
« Combien de fois par jour te laves-tu les dents ? »

Fréquence / Classe	0 fois	1 fois	2 fois	3 fois
Classe A	2	8	7	0
Classe B	1	15	4	1
Classe C	1	13	6	3
Classe D	3	5	13	2

1 Entoure la bonne réponse en utilisant les données du tableau.

5 élèves de la classe B se lavent les dents 1 fois par jour. Vrai Faux

7 élèves en tout ne se lavent pas les dents. Vrai Faux

Dans la classe A, aucun élève ne se lave les dents 3 fois par jour. Vrai Faux

2 Réponds aux questions en utilisant les données du tableau.

Combien d'élèves dans l'école se lavent les dents 3 fois par jour ? ....

Dans quelle classe y a-t-il le moins d'élèves qui se lavent les dents 1 fois par jour ? ....

Dans quelle classe y a-t-il le plus d'élèves qui se lavent les dents 2 fois par jour ? ....

Création mathématique. Pose une question en lien avec le tableau en haut de page à un autre élève, puis vérifie sa réponse.

....

....

41 Comparer des fractions de même dénominateur

Date : ....

Comparer des fractions de même dénominateur.

1 Représente chaque fraction de la bande unité, puis entoure la plus grande.

$\frac{4}{10}$ $\frac{1}{10}$

$\frac{6}{10}$ $\frac{8}{10}$

$\frac{3}{10}$ $\frac{9}{10}$

2 Entoure la plus petite fraction en coloriant, si besoin, la bande unité.

$\frac{5}{8}$ $\frac{7}{8}$

$\frac{4}{8}$ $\frac{3}{8}$

$\frac{8}{8}$ $\frac{6}{8}$

3 Décompose chaque fraction, puis entoure la plus petite.

$\frac{3}{4} = \frac{1}{4} + \frac{1}{4} + \frac{1}{4}$

$\frac{5}{10} = \frac{.....}{.....} + \frac{.....}{.....} + \frac{.....}{.....} + \frac{.....}{.....} + \frac{.....}{.....}$

$\frac{4}{10} =$

$\frac{3}{10} =$

3 × ♥ = 21 → ♥ = ...

★ − ♥ = 256 → ★ = ...

Comparer des fractions de même dénominateur

Date : ....

Comparer des fractions de même dénominateur.

1 Compare les fractions en utilisant le symbole $<$ ou $>$.

$\frac{5}{8}$ ..... $\frac{7}{8}$ $\frac{3}{4}$ ..... $\frac{2}{4}$ $\frac{5}{8}$ ..... $\frac{1}{8}$ $\frac{4}{10}$ ..... $\frac{7}{10}$

2 Explique pourquoi $\frac{2}{5}$ est plus petit que $\frac{4}{5}$ en décomposant les fractions ou en coloriant les bandes si besoin.

....

....

3 Pour chaque inégalité, écris une fraction dans la case de gauche, puis demande à un autre élève de compléter la case de droite avec une fraction de même dénominateur. Inversez les rôles à chaque fois.

$\frac{.....}{.....} > \frac{.....}{.....}$ $\frac{.....}{.....} < \frac{.....}{.....}$ $\frac{.....}{.....} < \frac{.....}{.....}$ $\frac{.....}{.....} > \frac{.....}{.....}$

Création mathématique. Choisis trois fractions de même dénominateur, puis compare-les en utilisant le symbole $<$ ou $>$.

42 Comparer des fractions dont le numérateur est 1

Date : ....

Comparer des fractions dont le numérateur est 1.

1 Chaque groupe a reçu un fil de la même longueur pour faire des colliers. Les enfants coupent le fil de façon à ce que chacun ait un morceau égal. Entoure le groupe dans lequel les enfants auront les morceaux les plus courts.

2 Dans chaque cas, entoure la plus grande fraction.

$\frac{1}{2}$ $\frac{1}{4}$ | $\frac{1}{10}$ $\frac{1}{4}$ | $\frac{1}{3}$ $\frac{1}{6}$ | $\frac{1}{8}$ $\frac{1}{10}$

3 Entoure le prénom de l'enfant qui a la plus petite partie du rectangle.

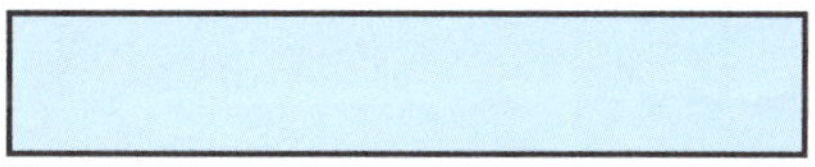

Amir a pris $\frac{1}{8}$ du rectangle.

Sofia a pris $\frac{1}{6}$ du rectangle.

Explique ta réponse :

....

....

....

....

A. 38 + 19 = ...

B. 154 + 29 = ...

C. 19 + 78 = ...

D. 9 + 258 = ...

A + B + C + D = [....] [....] [....]

Comparer des fractions dont le numérateur est 1

Date : ....

Comparer des fractions dont le numérateur est 1.

1 Compare ces fractions en utilisant le symbole < ou >.

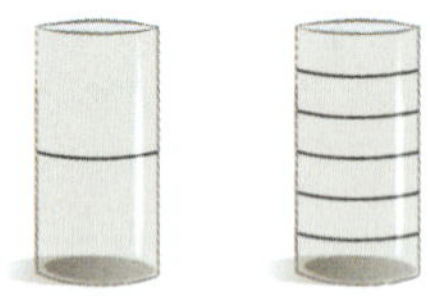

$\frac{1}{2}$ ..... $\frac{1}{6}$

$\frac{1}{8}$ ..... $\frac{1}{4}$

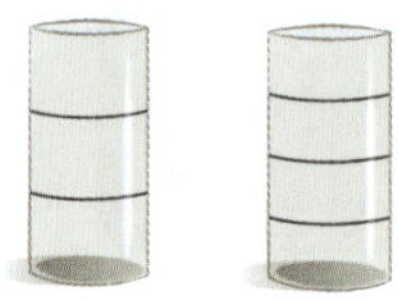

$\frac{1}{3}$ ..... $\frac{1}{4}$

$\frac{1}{2}$ ..... $\frac{1}{4}$ $\qquad$ $\frac{1}{6}$ ..... $\frac{1}{10}$

$\frac{1}{8}$ ..... $\frac{1}{2}$ $\qquad$ $\frac{1}{4}$ ..... $\frac{1}{5}$

2 Écris la fraction représentée par chaque partie colorée des figures, puis compare-les en utilisant le symbole < ou >.

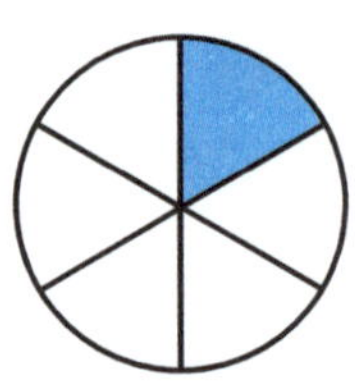

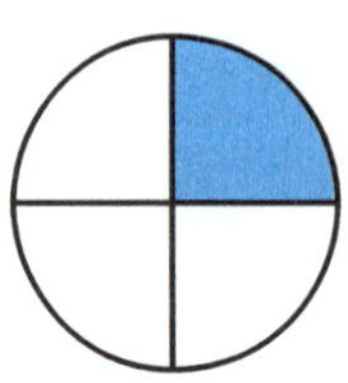

$\frac{.....}{.....}$ ..... $\frac{.....}{.....}$

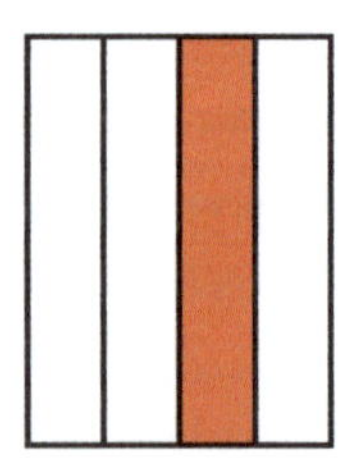

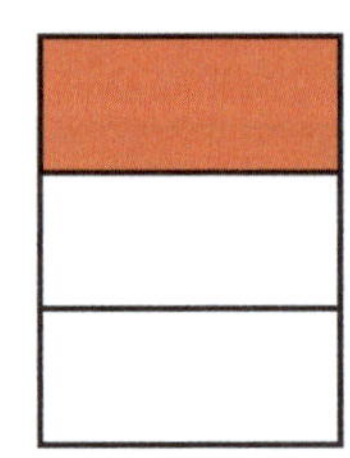

$\frac{.....}{.....}$ ..... $\frac{.....}{.....}$

Création mathématique. Choisis deux fractions dont le numérateur est 1, représente-les dans les bandes, puis compare-les en utilisant le symbole < ou >.

....

43 Construire une pyramide

Date : ....

Construire une pyramide à base carrée.

1 Entoure le squelette de pyramide à base carrée.

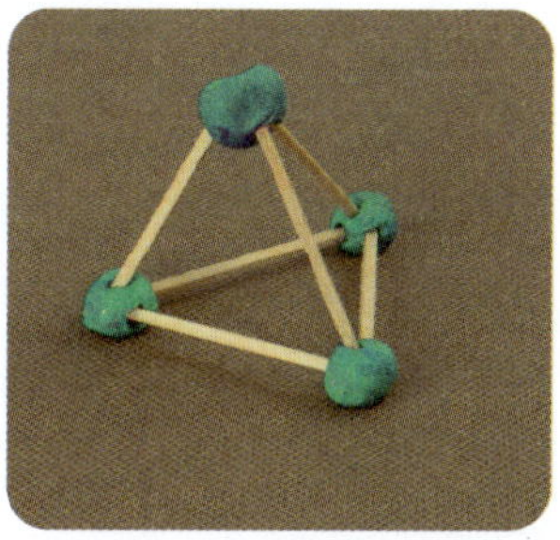

2 Lequel des trois enfants pourrait construire une pyramide à base carrée avec son matériel ? Entoure-le.

Création mathématique. Écris une description de la pyramide à base carrée en utilisant les termes « arête », « face » et « sommet ».

44 Calculer des additions inférieures à 1 000 en colonnes

Date : ....

Poser et calculer des additions en colonnes.

1 Pose et effectue les additions de ton choix.

534 + 129 = ...

	5	...	...
+	...	...	...
	...	...	...

185 + 86 = ...

374 + 534 = ...

228 + 684 = ...

2 Calcule le total de points pour chaque cible, puis coche celle qui en comporte le plus.

☐

☐

Date : ....

Poser et calculer des additions en colonnes.

1 Résous le problème.

Amir a récolté 198 euros et Sofia en a récolté 456 avec la vente de dessins. Combien ont-ils récolté au total ?

....

....

2 Calcule la masse de chaque pile de cageots, puis coche la plus légère.

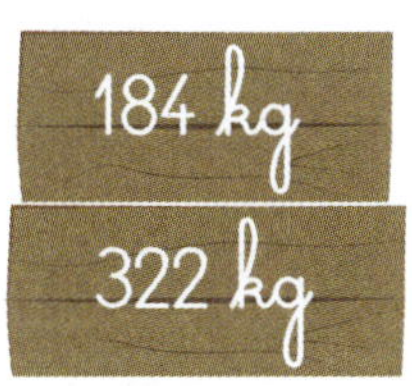

☐

+

+

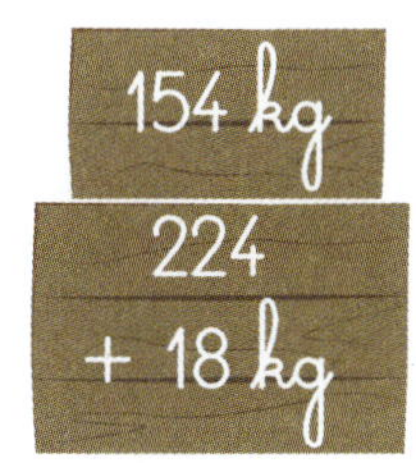

☐

Création mathématique. Choisis deux des nombres suivants et additionne-les en colonnes : 436 ; 209 ; 527 ; 406.

45 Utiliser la demi-droite graduée de 100 en 100

Date : ....

Savoir placer des nombres sur une demi-droite graduée de 10 en 10.

1 Méli veut se déplacer de 10 en 10. Entoure la demi-droite graduée qu'elle doit choisir.

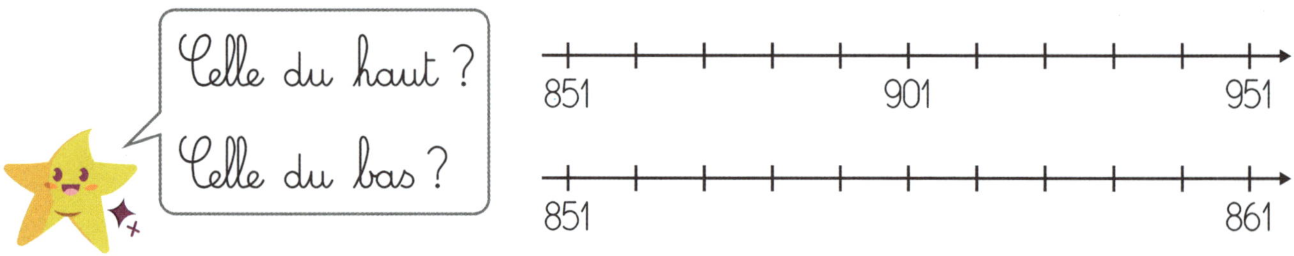

2 Colorie chaque nombre de la bonne couleur selon sa position sur les demi-droites graduées.

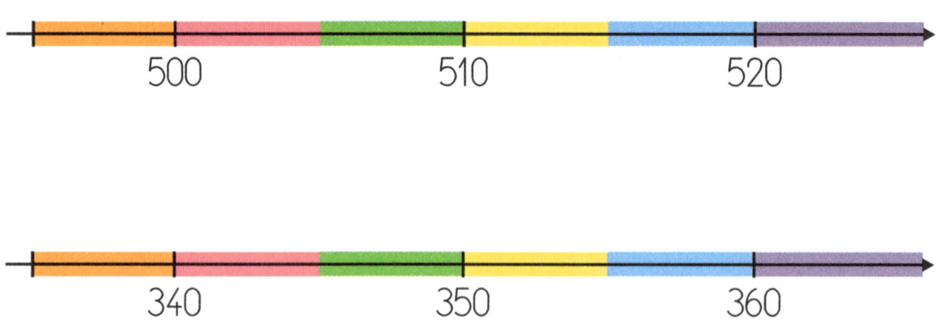

497	503
517	506

361	354
356	343

3 Colorie la bonne proposition pour associer chaque graduation à son nombre.

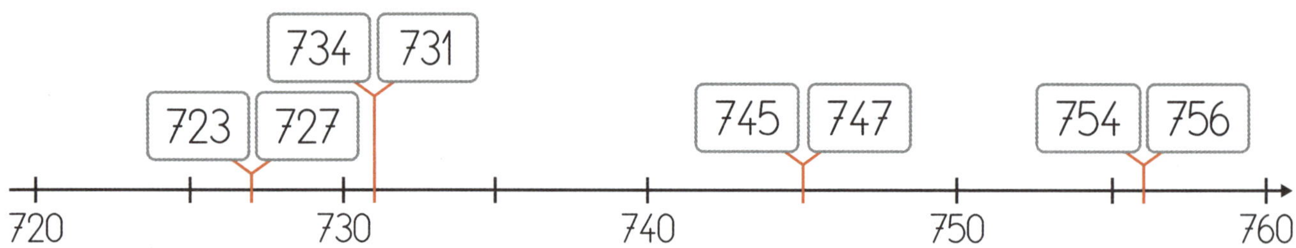

Utiliser la demi-droite graduée de 100 en 100

Date : ....

Placer des nombres sur une demi-droite graduée de 100 en 100.

1 Complète les demi-droites graduées de 100 en 100.

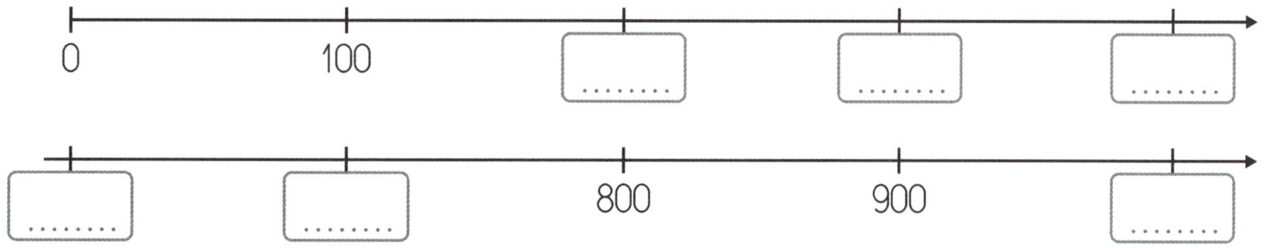

2 Colorie chaque nombre de la bonne couleur selon sa position sur les demi-droites graduées.

386 506 460 316 596

348 461 293 314 447

752 730 890 749 992

Création mathématique. Complète cette demi-droite graduée de 100 en 100, puis place trois nombres supplémentaires entre les graduations.

46 La table des multiplications par 8

Date : ....

Connaitre dans les deux sens la table des multiplications par 8.

1 Colorie les nombres qui sont des résultats de la table de 8, puis complète les calculs.

32	10	64	20	8
15	30	62	24	12
34	48	58	17	39
15	72	40	44	16
25	75	80	46	56

$8 \times 3 = 24$ $8 \times 4 =$ ....

$8 \times 8 =$ .... $8 \times 9 =$ ....

$8 \times 2 =$ .... $8 \times 1 =$ ....

$8 \times 10 =$ .... $8 \times 7 =$ ....

$8 \times 5 =$ .... $8 \times 6 =$ ....

2 Colorie de la même couleur les étiquettes de même valeur.

8×1 8×4 8×8 8×3

64 | $8 + 8 + 8 + 8$ | $8 + 8 + 8$ | 32 | 24 | $4 + 4 + 4 + 4 + 4 + 4 + 4 + 4$

3×8 | 8 | $8 \times 4 \times 2$ | 4×8 | $8 + 8 + 8 + 8 + 8 + 8 + 8 + 8$

3 Effectue les multiplications.

$8 \times 3 =$ ...... $8 \times 5 =$ ......

$8 \times 8 =$ ...... $8 \times 4 =$ ......

...... $\times 8 = 48$ $8 \times$ ...... $= 8$

$80 =$ ...... $\times 8$ $7 \times 8 =$ ......

$2 \times 8 =$ ...... $72 = 8 \times$ ......

Création mathématique. Crée une multiplication par 8 en rectangle, puis indique son résultat.

47 Différencier et reproduire le rectangle et le carré

Date : ....

Reconnaitre, décrire et nommer un carré et un rectangle.

1 Entoure les carrés, puis marque leurs angles droits.

2 Reproduis le carré et le rectangle.

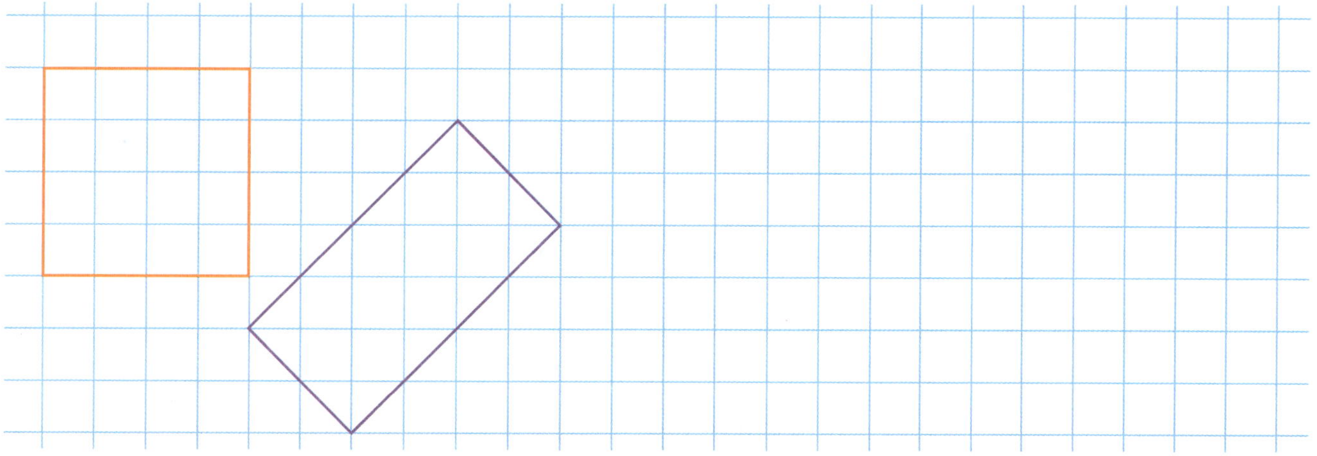

3 Reproduis le carré et le rectangle.

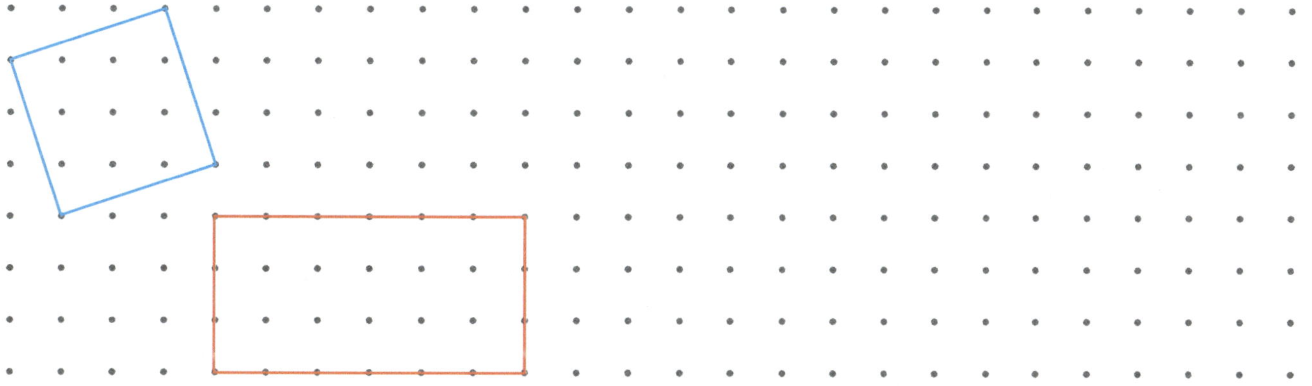

Différencier et reproduire le rectangle et le carré

Date : ....

Compléter la construction de carrés et de rectangles avec une règle et une équerre.

1 Termine les tracés en réalisant un carré et un rectangle.

Carré

Rectangle

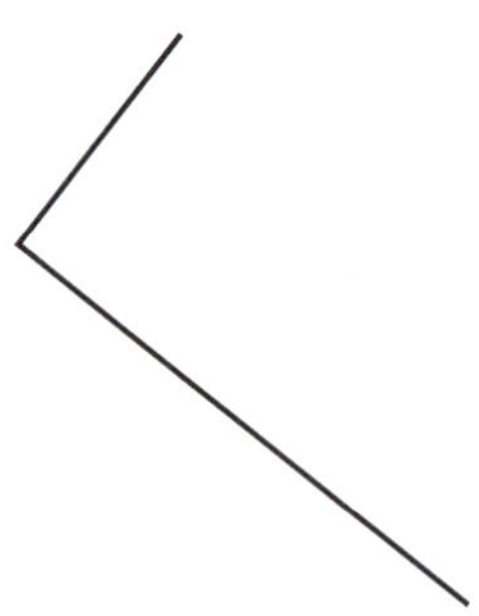

2 Explique pourquoi l'élève qui a tracé ce rectangle s'est trompé.

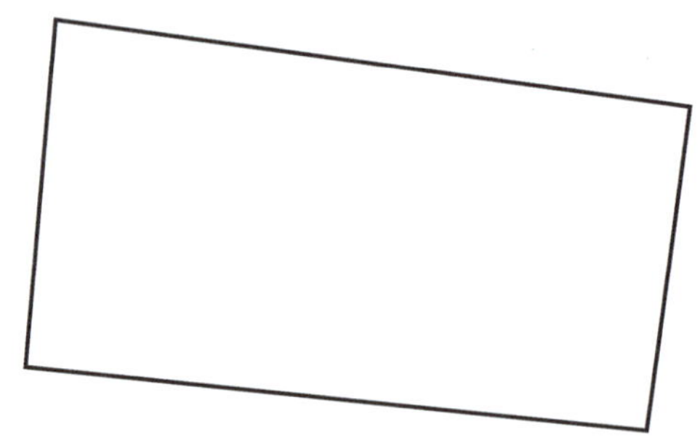

....

....

....

....

....

Création mathématique. Termine le carré, surligne ses côtés, entoure ses sommets, puis code ses angles droits.

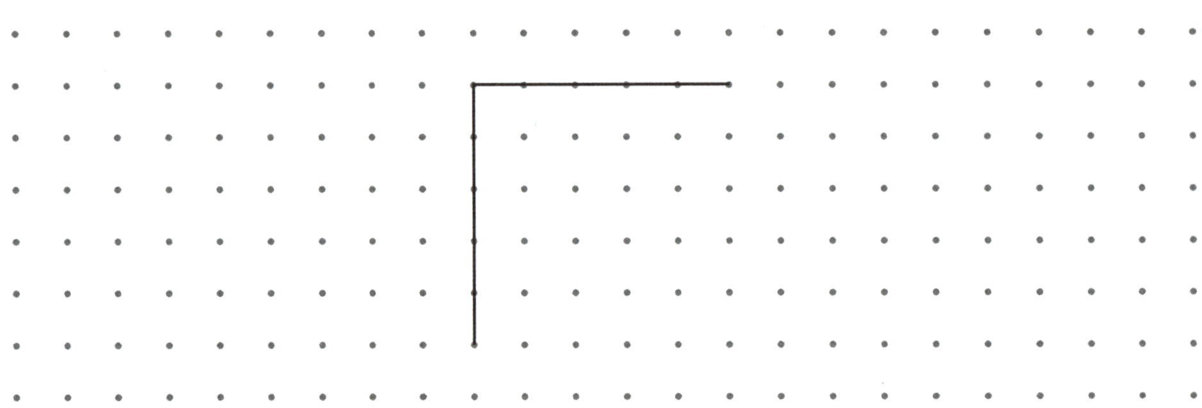

48 Utiliser le gramme et le kilogramme (g, kg)

Date : ....

Utiliser les unités gramme et kilogramme.

1

Dessine les masses marquées qui permettent d'obtenir une équivalence.

2

Entoure l'unité de masse qui convient le mieux.

g kg

g kg

g kg

g kg

g kg

3

Entoure la recette dans laquelle la masse des ingrédients est la plus lourde. Effectue les calculs dans ton cahier de recherche.

Gâteau au chocolat

150 g de sucre en poudre
135 g de beurre
195 g de farine
240 g de chocolat
5 œufs (250 g)

Cookies aux trois chocolats

120 g de sucre en poudre
175 g de cassonade
15 g de sucre vanillé
180 g de farine
10 g de levure chimique
35 g de chocolat noir
40 g de chocolat au lait
25 g de chocolat blanc
100 g de beurre
5 œufs (250 g)

Création mathématique. Dessine deux objets, indique leur masse, puis demande à un autre élève de trouver le plus léger.

49 La table des multiplications par 9

Date : ....

Connaître dans les deux sens la table des multiplications par 9.

1 Certains de ces rectangles représentent un résultat de la table des multiplications par 9. Trouve-les et écris leur résultat à l'intérieur.

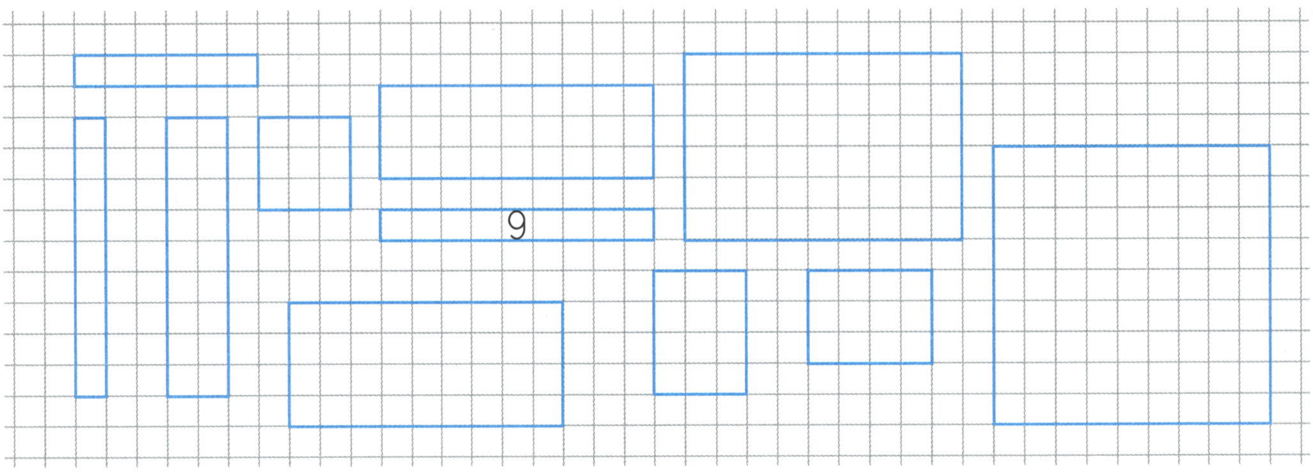

2 Colorie de la même couleur les étiquettes de même valeur.

2 × 9 | 5 × 9 | 9 × 9 | 9 × 6

60 – 6 | 9 × 3 × 2 | 90 – 9 | 18 | 45 | 81 | 9 + 9 | 50 – 5 | 9 × 5 | 54

3 Effectue les multiplications.

4 × 9 = ...	3 × 9 = ...
9 × 10 = ...	9 × ...... = 18
9 × ...... = 81	1 × 9 = ...
6 × 9 = ...	7 × 9 = ...
45 = ... × 9	72 = 9 × ......

Création mathématique. Crée une multiplication par 9 en rectangle, puis indique son résultat.

50 Construire le carré, rectangle, triangle et triangle rectangle

Date : ....

Construire un carré et un rectangle.

1 Coche le matériel qu'il te faut pour construire une composition de trois carrés.

- ☐ Huit bâtonnets de même longueur et dix boules de pâte à modeler.
- ☐ Dix bâtonnets de même longueur et huit boules de pâte à modeler.
- ☐ Six bâtonnets de même longueur et huit boules de pâte à modeler.

2 Entoure les endroits où les tracés comportent des erreurs.

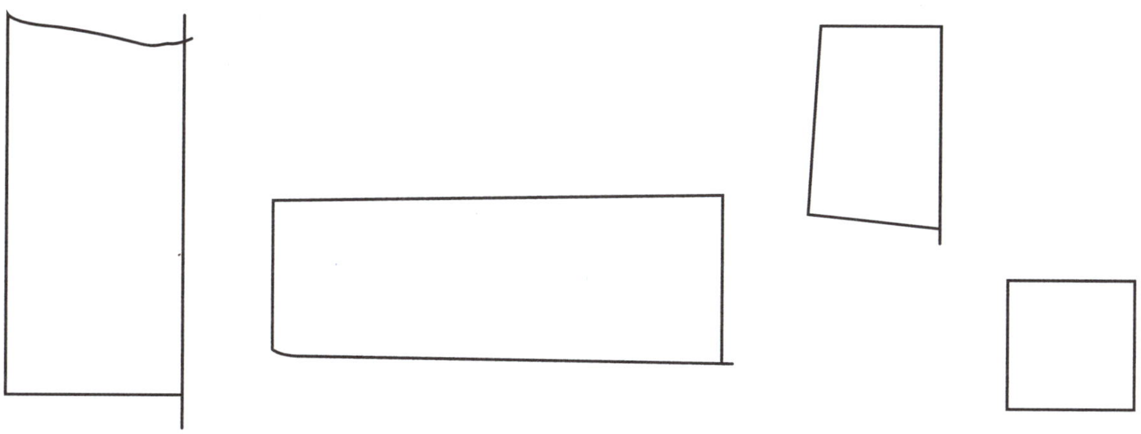

3 Indique le nombre de carrés ou rectangles dans l'assemblage.

.... carrés

.... rectangles

Construire le carré, rectangle, triangle et triangle rectangle

Date : ....

Construire un triangle et un triangle rectangle.

1 Construis trois triangles en reliant les points.

2 Construis et colorie au moins deux triangles rectangles pour compléter l'œuvre.

Création mathématique. Place trois points et relie-les pour créer un triangle.

51 Comprendre et représenter un espace familier

Date : ....

Construire le plan de la cour.

1 Associe les photos à l'endroit auquel elles ont été prises dans la cour.

Coller ici le plan de la cour en format A5

Comprendre et représenter un espace familier

Date : ....

Se repérer sur le plan de l'école et l'utiliser pour se déplacer.

1 Colle le plan de l'école montrant le parcours que tu as proposé à une autre équipe.

Création mathématique. Dessine le plan d'une pièce de ta maison.

52 Construire un tableau à double entrée

Date : ....

Construire un tableau à double entrée.

1 Voici les résultats d'une enquête réalisée dans une école. Complète le tableau à double entrée avec ces données.

« À quelle heure t'endors-tu ? »

Classe A	
Avant 20 h	2
Entre 20 h et 21 h	11
Entre 21 h et 22 h	10
Après 22 h	2

Classe B	
Avant 20 h	0
Entre 20 h et 21 h	10
Entre 21 h et 22 h	12
Après 22 h	4

Classe C	
Avant 20 h	1
Entre 20 h et 21 h	15
Entre 21 h et 22 h	5
Après 22 h	0

Classe D	
Avant 20 h	9
Entre 20 h et 21 h	5
Entre 21 h et 22 h	8
Après 22 h	1

	Classe A			
Avant 20 h				

2 Réponds aux questions en utilisant les données de l'exercice 1.

Dans quelle classe les élèves s'endorment-ils le plus tard ? ....

Et le plus tôt ? ....

Combien d'élèves en tout s'endorment après 22 h ? ....

Combien d'élèves en tout s'endorment entre 21 h et 22 h ? ....

Création mathématique. Invente une question en lien avec l'enquête de l'exercice 1 et réponds-y.

53 Décrire et reproduire un cercle

Date : ....

Reconnaitre, nommer et décrire un cercle.

1 Trouve les cercles et colorie-les.

2 Trouve le nombre de cercles.

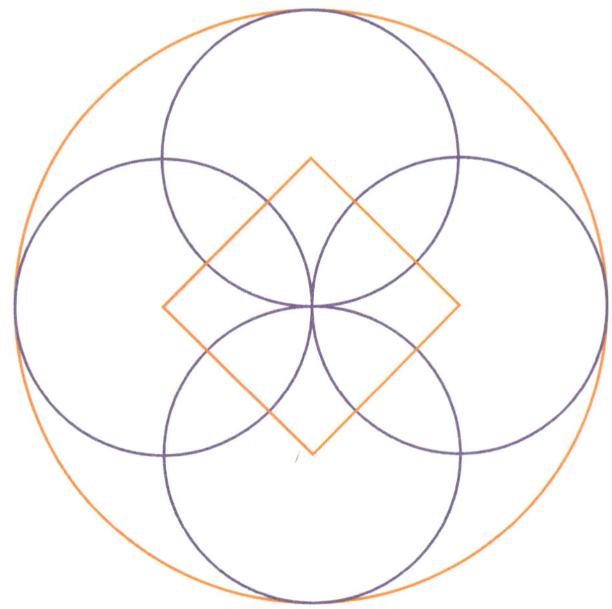

Il y a .... cercles.

3 Relie les points verts, puis entoure ce qui correspond le plus à un cercle.

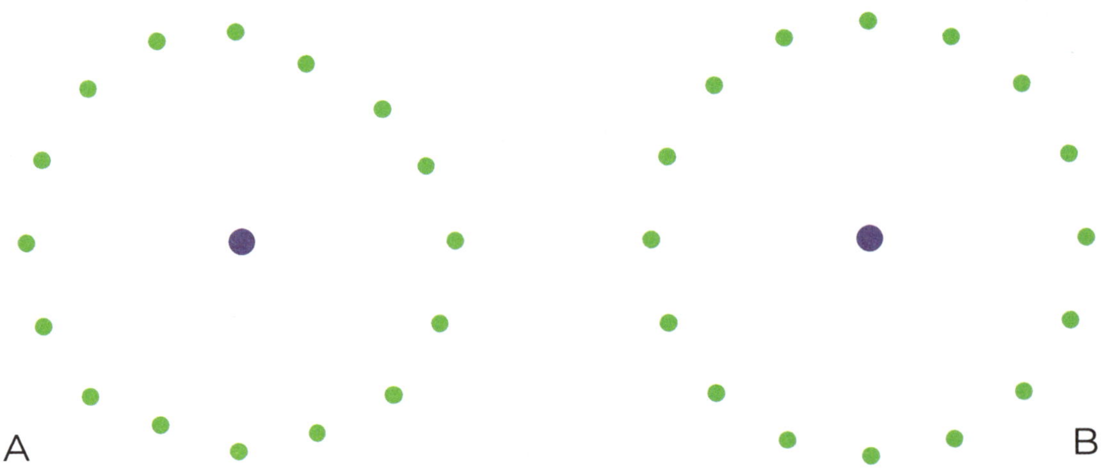

A

B

Décrire et reproduire un cercle

Date : ....

Tracer des cercles avec un compas.

1 Complète le tracé du cercle à l'aide du compas.

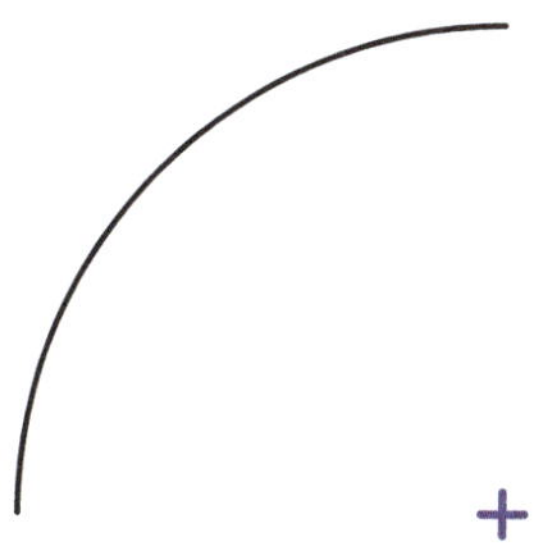

2 Trace trois cercles concentriques à partir du centre A.

Exemple : 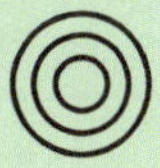

Création mathématique. Trace quatre cercles qui se croisent, puis colorie l'assemblage obtenu.

Mémo

J'ai appris les résultats des tables des multiplications par 8 et par 9.

$8 \times 1 = 8$	$8 \times 6 = 48$	$9 \times 1 = 9$	$9 \times 6 = 54$
$8 \times 2 = 16$	$8 \times 7 = 56$	$9 \times 2 = 18$	$9 \times 7 = 63$
$8 \times 3 = 24$	$8 \times 8 = 64$	$9 \times 3 = 27$	$9 \times 8 = 72$
$8 \times 4 = 32$	$8 \times 9 = 72$	$9 \times 4 = 36$	$9 \times 9 = 81$
$8 \times 5 = 40$	$8 \times 10 = 80$	$9 \times 5 = 45$	$9 \times 10 = 90$

J'ai appris à reconnaitre et à tracer des rectangles, des carrés et des cercles.

Le rectangle

Ses 4 angles sont droits.

Ses côtés opposés sont égaux.

Le carré

Ses 4 angles sont droits.

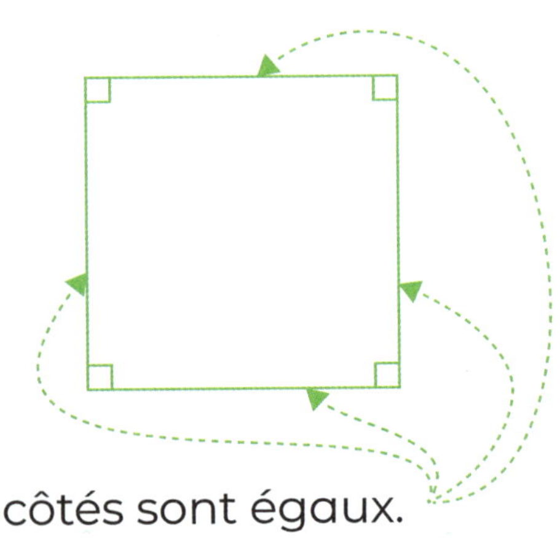

Ses 4 côtés sont égaux.

Le cercle

Toutes les longueurs entre le centre et le cercle sont égales.

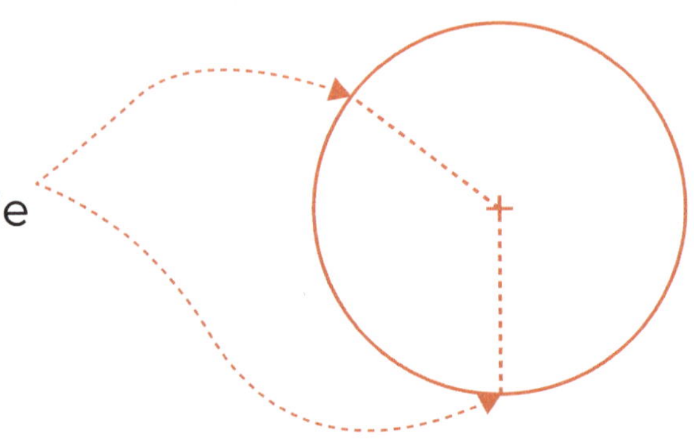

J'ai appris à **comparer des fractions.**

Si les fractions ont le même dénominateur :

Je compare $\frac{4}{10}$ et $\frac{9}{10}$.

La partie colorée de $\frac{4}{10}$ de la bande est plus petite que celle de $\frac{9}{10}$.

$\frac{4}{10}$ est plus petit que $\frac{9}{10}$.

$$\frac{4}{10} < \frac{9}{10}$$

Si les fractions ont un numérateur égal à 1 :

Je compare $\frac{1}{5}$ et $\frac{1}{8}$.

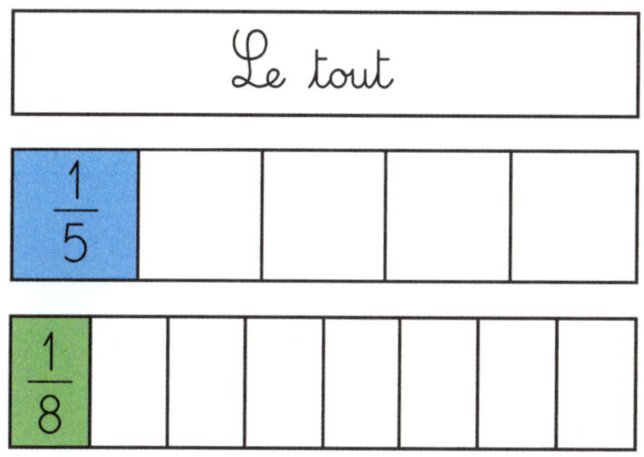

La partie colorée de $\frac{1}{5}$ de la bande est plus grande que celle de $\frac{1}{8}$.

$\frac{1}{5}$ est plus grand que $\frac{1}{8}$.

$$\frac{1}{5} > \frac{1}{8}$$

J'ai découvert deux nouvelles unités pour mesurer les masses :
le gramme et le kilogramme.

J'ai appris qu'un kilogramme pèse 1 000 grammes.

1 kg = 1 000 g

On utilise le gramme et le kilogramme pour exprimer des masses.
- J'ai acheté 4 kg de pommes au marché.
- Pour préparer des crêpes, j'ai besoin de 300 g de farine.

Maths à la maison

Solides au quotidien

À la maison, trouve des objets qui ont la forme de solides que tu connais.

Qui est le plus lourd ?

Pèse deux objets, exprime leur poids en gramme et en kilogramme, puis dis lequel est le plus lourd.

Emploi du temps

Complète le tableau avec les activités que tu fais dans ta semaine en fonction des jours.

	Lundi	Mardi	Mercredi	Jeudi	Vendredi	Samedi	Dimanche
École	X	X		X	X		
....							
....							
....							
....							

Arc-en-ciel de tee-shirts

Trouve quelle fraction de tes tee-shirts sont blancs parmi tous tes tee-shirts.

Action fraction

Chaque joueur dépose devant lui 20 objets identiques : 10 d'une couleur et 10 d'une autre. On prend ensuite un paquet de cartes numérotées de 1 à 10. On tire les deux premières cartes du paquet et on les pose l'une en dessous de l'autre, avec le plus petit nombre en haut et le plus grand nombre en bas. Tous les joueurs doivent alors former avec leurs objets la fraction correspondant à ces deux cartes. Le plus rapide a gagné.

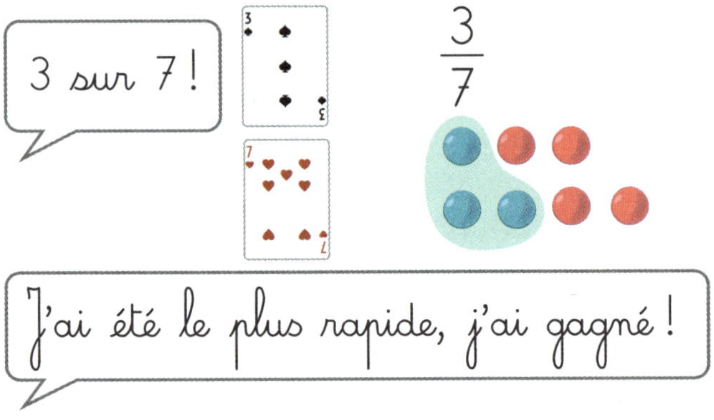

Sauvetage en terre Adélie

À la classe

de CE1

La version numérique sur LLS.fr/MCE1Escape4

Alors que nous visitions la base Dumont-d'Urville, nous avons vu un bébé manchot empereur s'éloigner de sa colonie. Peux-tu nous aider à le retrouver ?

Amir

1 Entoure le baril le plus léger.

2 kg — 100 g — 500 g — 350 g

2 Entoure la paire de skis devant laquelle se trouve la plus petite fraction.

$\frac{10}{10}$ — $\frac{7}{10}$ — $\frac{3}{10}$ — $\frac{6}{10}$

3 Trace un cercle dans la neige.

4 Trace un chemin ne passant que par des résultats de la table des multiplications par 9.

DÉPART

19	29	18
66	45	27
53	63	7
26	54	72

On est là pour te sauver !

.....	.....	.....	.....

54 Additionner et soustraire des fractions de même dénominateur

Date : ....

Additionner et soustraire des fractions de même dénominateur.

1 Effectue les calculs en t'aidant des figures.

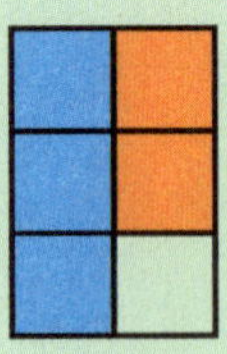

$\frac{3}{6} + \frac{2}{6} = \frac{5}{6}$

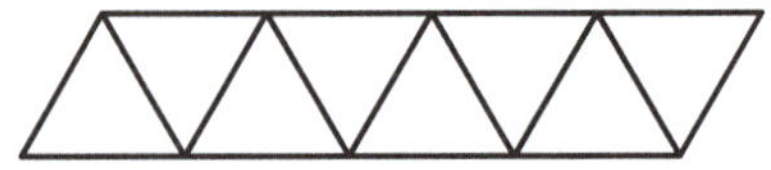

$\frac{2}{8} + \frac{3}{8} = \frac{.....}{.....}$

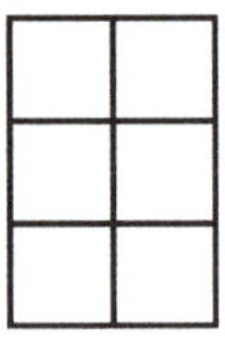

$\frac{5}{6} - \frac{2}{6} = \frac{.....}{.....}$

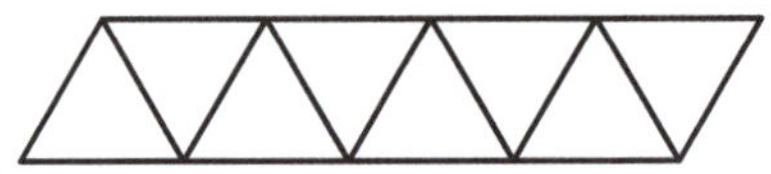

$\frac{6}{8} - \frac{3}{8} = \frac{.....}{.....}$

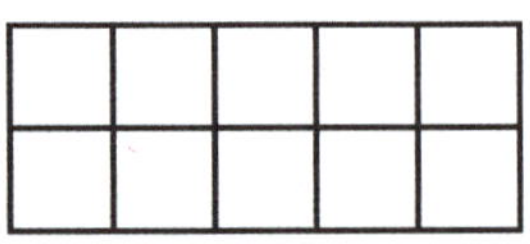

$\frac{3}{10} + \frac{6}{10} = \frac{.....}{.....}$

$\frac{6}{6} - \frac{2}{6} = \frac{.....}{.....}$

2 Effectue les calculs.

$\frac{2}{3} + \frac{1}{3} = \frac{.....}{.....}$ $\qquad \frac{5}{10} - \frac{2}{10} = \frac{.....}{.....}$ $\qquad \frac{3}{8} + \frac{3}{8} = \frac{.....}{.....}$

$\frac{6}{6} - \frac{2}{6} = \frac{.....}{.....}$ $\qquad \frac{4}{4} - \frac{2}{4} = \frac{.....}{.....}$ $\qquad \frac{1}{6} + \frac{1}{6} = \frac{.....}{.....}$

Additionner et soustraire des fractions de même dénominateur

Date : ....

Résoudre des problèmes avec des fractions.

1 Résous le problème.

Alice a acheté un gâteau qu'elle a partagé en six parts égales.
Elle en a mangé $\frac{4}{6}$ et a donné le reste à ses amis.
Quelle fraction du gâteau a-t-elle donnée à ses amis ?

....

2 Relie les fractions dont la somme est égale à 1, c'est-à-dire une bande complète.

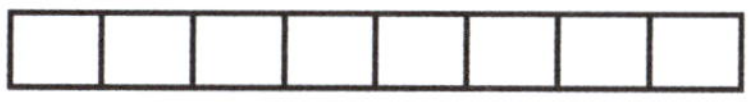 $\frac{6}{8}$ • • $\frac{2}{4}$

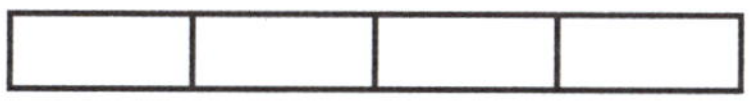 $\frac{2}{4}$ • • $\frac{1}{8}$

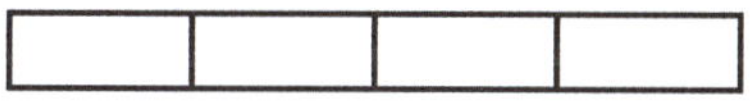 $\frac{1}{4}$ • • $\frac{2}{8}$

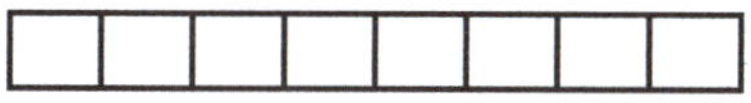 $\frac{7}{8}$ • • $\frac{3}{4}$

Création mathématique. Additionne et soustrais des fractions de même dénominateur.

55 Décomposition additive de nombres jusqu'à 1 000

Date : ....

Décomposer les nombres.

1 Relie entre elles les écritures d'un même nombre.

$500 + 7 + 20$ •	• 527 •	• $(7 \times 100) + (2 \times 1) + (5 \times 10)$
$800 + 7$ •	• 752 •	• $(7 \times 100) + (8 \times 10)$
$80 + 700$ •	• 807 •	• $(5 \times 100) + (2 \times 10) + (7 \times 1)$
$50 + 700 + 2$ •	• 780 •	• $(7 \times 1) + (8 \times 100)$

2 Décompose les nombres.

$712 = (7 \times 100) + (1 \times 10) + (2 \times 1)$

$527 =$ ....

$904 =$ ....

$790 =$ ....

Création mathématique. Choisis un nombre et décompose-le.

56 Utiliser ses connaissances en numération

Date : ....

Nommer, écrire, comparer les nombres jusqu'à 1 000.

1 Colorie en rouge la carte représentant le plus grand nombre et en bleu celle représentant le plus petit nombre.

329	1 U 3 C 5 D	$(7 \times 10) + (3 \times 100) + (1 \times 1)$	Quatre-cent-cinquante-trois	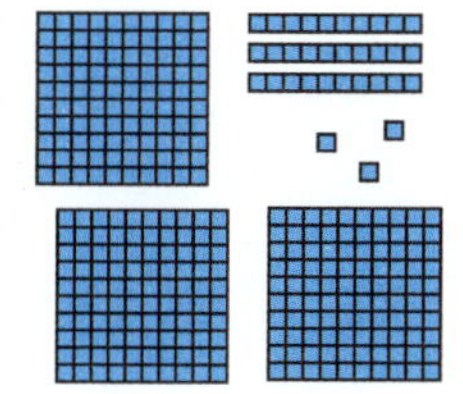

2 Relie les représentations d'un même nombre.

$400 + 50 + 1$ •	• 535
145 •	• 451
$(5 \times 100) + (5 \times 1) + (3 \times 10)$ •	• 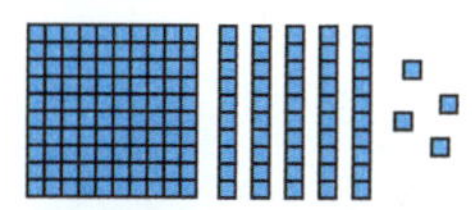
$50 + 3 + 500$ •	• 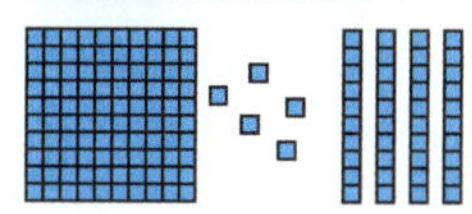
4 U 5 D 1 C •	• 3 U 5 D 5 C

3 Trouve le nombre mystère.

Je suis supérieur à 600 et inférieur à 700.
Je comporte plus de 68 dizaines.
Je contiens aussi 5 unités isolées. Qui suis-je ?

Je suis ....

Création mathématique. Choisis cinq nombres et range-les dans l'ordre décroissant.

57 Construire des collections jusqu'à 1 000 (2)

Date : ....

Utiliser la relation entre unités, dizaines et centaines.

1 Relie chaque nombre à sa décomposition.

1 000 •	• 91 D	247 •	• 27 D 4 U
901 •	• 100 D	742 •	• 2 C 7 U 4 D
910 •	• 100 U	427 •	• 2 U 74 D
100 •	• 9 C 1 U	274 •	• 2 C 22 D 7 U

2 Sofia a commandé 853 cubes, mais une partie de son ardoise s'est effacée. Trouve le nombre manquant et écris-le.

Création mathématique. Choisis un nombre et décompose-le.

58 Réviser la relation entre les unités de numération

Date : ....

Utiliser ses connaissances pour construire un nombre.

1 Détermine le nombre mystère.

C	D	U
5	2	14
	6	

Nombre mystère : ....

C	D	
7	8	
	4	

Nombre mystère : ....

2 Avec un autre élève, complète le tableau de votre partie, puis détermine le nombre mystère.

Je joue avec ....

Nombre mystère : ....

Départ

			517	527	537					

Arrivée

Réviser la relation entre les unités de numération

Date : ....

Connaitre la valeur d'un chiffre en fonction de sa position dans un nombre.

1 Complète le tableau de ta partie, puis détermine le nombre mystère. Déplace ensuite la carte de ton choix, puis détermine le nouveau nombre mystère.

Je joue avec ....

Nombre mystère trouvé : ....

Carte déplacée : .....

Nouveau nombre mystère : ....

Création mathématique. Complète le tableau avec les cartes de ton choix et détermine le premier nombre mystère. Déplace ensuite la carte de ton choix, puis détermine le nouveau nombre mystère.

Nombre mystère trouvé : ....

Carte déplacée : .....

Nouveau nombre mystère : ....

59 Simuler des achats en euro et centime d'euro

Date : ....

Simuler des achats impliquant des euros et centimes d'euro en utilisant l'écriture à virgule.

1

Dessine le moins de pièces et de billets possible pour constituer les sommes exactes.

6,70 € 13,45 € 26,68 €

2

Écris la somme totale pour chaque portemonnaie.

.........,......... € ....,......... € ....,......... €

3

Écris la somme disponible, puis entoure chaque objet que tu pourrais acheter avec.

12,90 €

13,10 €

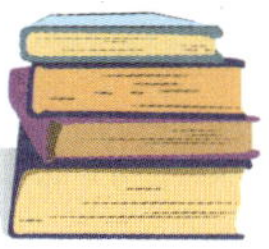
14,20 €

12,50 €

Somme disponible : ....

Simuler des achats en euro et centime d'euro

Date : ....

Rendre la monnaie à partir d'un prix donné avec l'écriture à virgule.

1 Julie va faire des courses. Elle doit payer 25,80 €. Elle donne un billet de 10 € et un de 20 €. Complète le schéma, puis trouve la somme que le vendeur doit lui rendre.

....,.... €	..... €	..... €
Prix de départ	Euro supérieur	Somme donnée par l'acheteuse

Écart en centime : .... centimes

Écart en euro : .... €

....,.... € + ... € = ...,.... €

Le vendeur doit rendre ....,....... € à Julie.

2 Résous le problème.

Malo achète une paire de baskets qui coûte 45,50 €. Il donne un billet de 50 €. Dessine la somme que la vendeuse doit lui rendre.

Création mathématique. Choisis un objet, fixe son prix et demande à un autre élève de proposer un billet pour te l'acheter. Calcule ensuite combien d'argent tu dois lui rendre.

60 Utiliser la demi-droite graduée jusqu'à 1 000 (2)

Date : ....

Placer un nombre sur une demi-droite graduée.

1 Relie chaque demi-droite graduée à son intervalle de graduation.

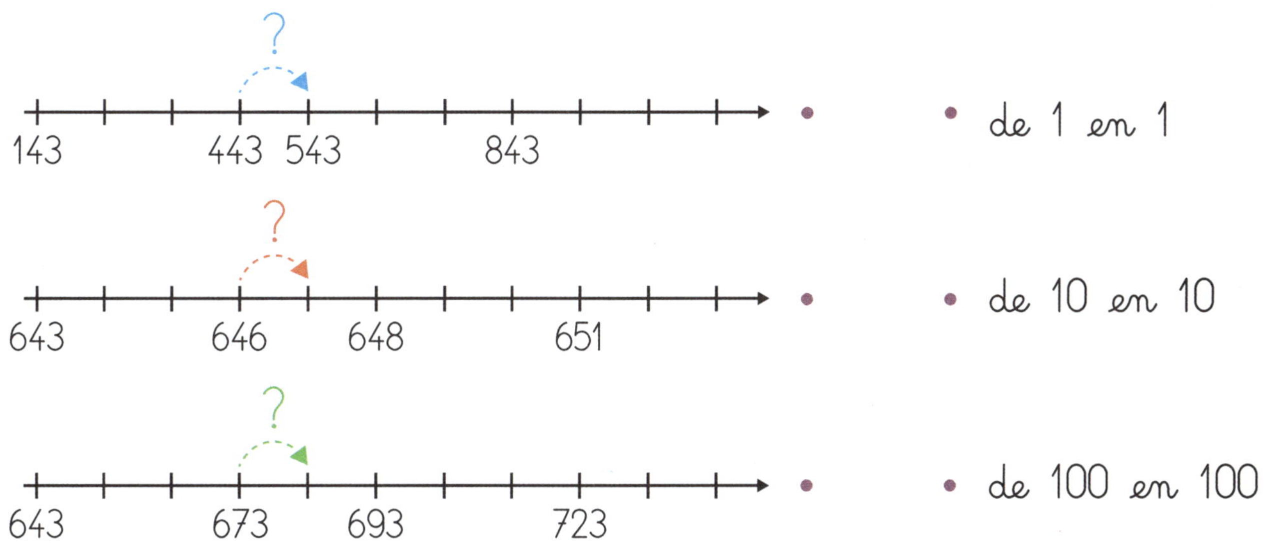

2 Écris les nombres manquants dans les cases vides.

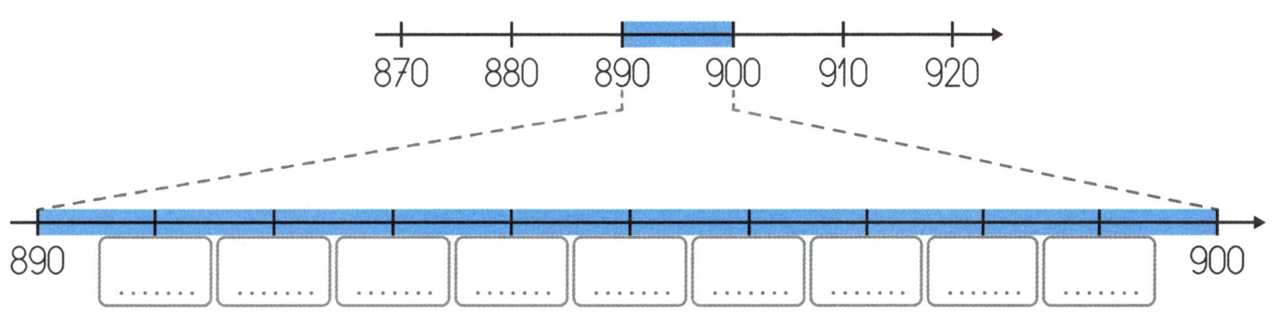

Création mathématique. Complète cette demi-droite graduée et son zoom avec les nombres de ton choix.

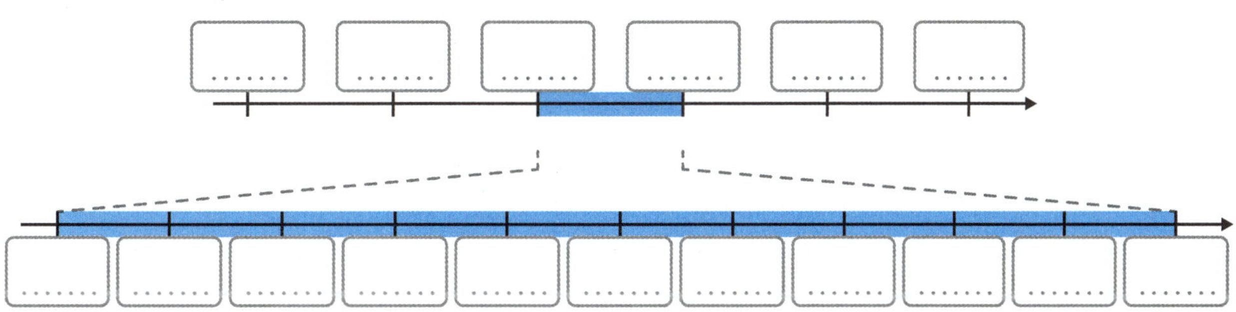

61 Connaitre dans les deux sens les tables des multiplications

Date : ....

Connaitre dans les deux sens les tables de multiplication.

1 Colorie les cases avec une couleur qui convient.

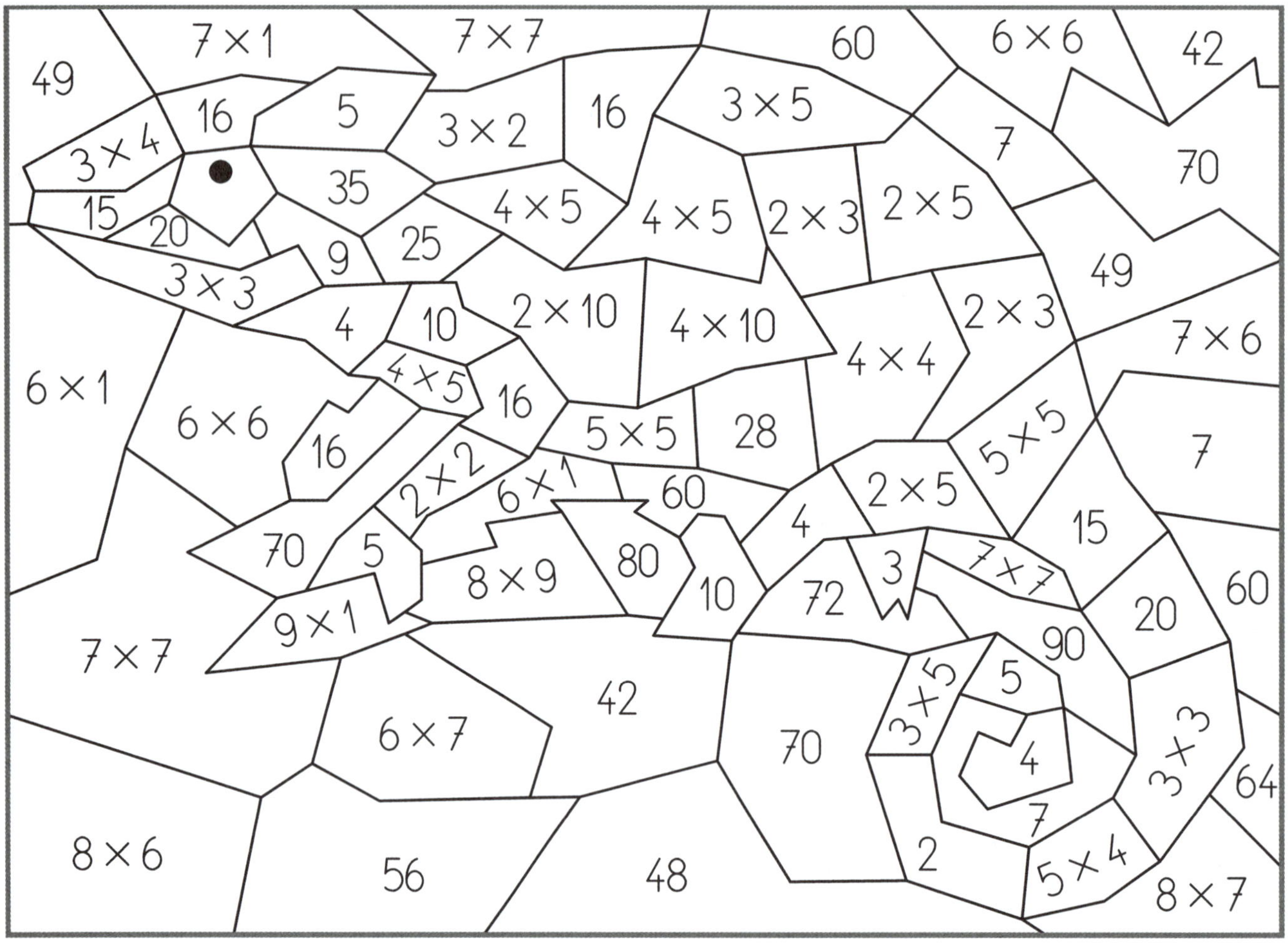

Table de 2 (jaune) · Table de 3 (violet) · Table de 4 (orange) · Table de 5 (rose)

Table de 6 (bleu) · Table de 7 (vert) · Table de 8 (marron) · Table de 9 (noir)

Création mathématique. Écris et calcule les multiplications que tu connais.

Date : ....

Multiplier un nombre inférieur à 10 par un nombre supérieur à 10.

1 Complète les cases en utilisant les représentations du Memory.

Multiplication	Rectangle	Multiplications et addition	Résultat
2 × 17	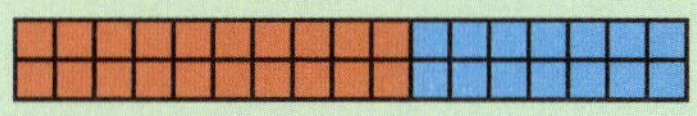	2 × 1 D + 2 × 7 U	34
5 × 11		5 × 1 D + 5 × 1 U	....
.... ×		5 × 1 D + 5 × 3 U	....
.... ×	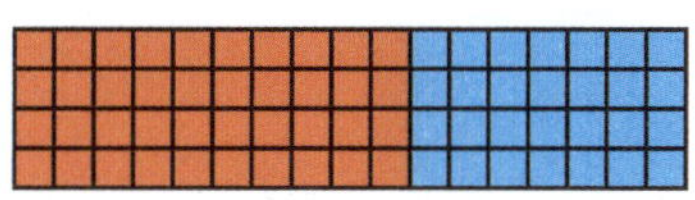	.... + ...	....

2 Effectue les multiplications.

7 × 14 = ...

9 × 11 = ...

8 × 12 = ...

Multiplier des nombres inférieurs à 20 (2)

Date : ....

Multiplier un nombre inférieur à 10 par un nombre supérieur à 10.

1 Résous le problème.

Sophie possède 16 crayons de couleur. Elle a 4 fois plus de feutres.
Combien a-t-elle de feutres ?

2 Effectue les multiplications.

$9 \times 12 =$	$3 \times 19 =$ ....
$16 \times 6 =$	$15 \times 7 =$ ....

Création mathématique. Écris un ou plusieurs produits avec un des nombres supérieur à 10, puis calcule-le(s).

63 Connaitre et utiliser les unités de longueur (m, cm et km)

Date : ....

Connaitre et utiliser les unités de longueur (m, cm et km).
Résoudre des problèmes de mesures de longueurs.

1

Complète les égalités.

4 km = ... m

3 km = ... m

6 000 m = ... km

2 000 m = ... km

5 km = ... m

286 cm = ... m .... cm

2 m 50 cm = ... cm

405 m = ... m .... cm

3 m 20 cm = ... cm

145 cm = ... m .... cm

2

Coche le trajet le plus court pour aller de la maison à l'école.
Démontre-le en calculant.

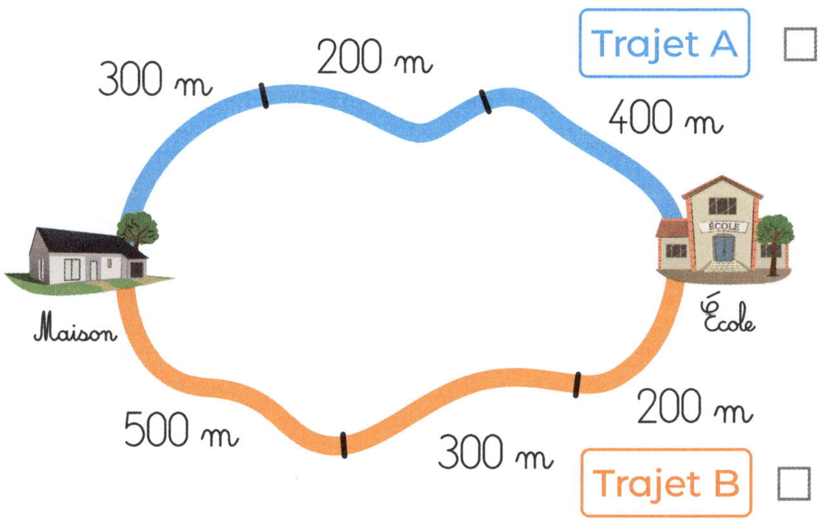

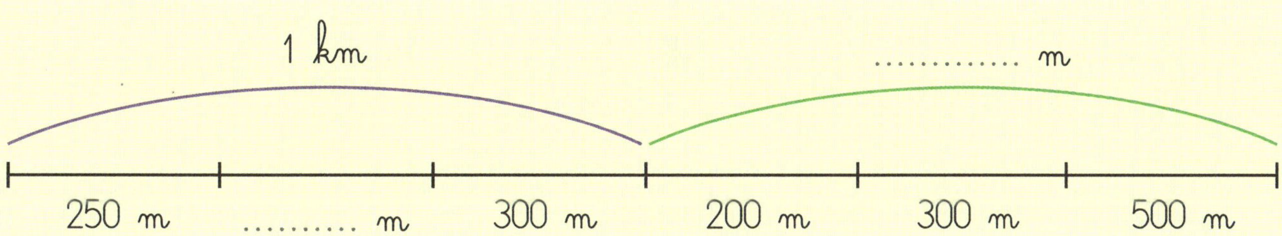

Connaitre et utiliser les unités de longueur (m, cm et km)

Date : ....

Résoudre des problèmes impliquant des longueurs.

1 Eva et ses parents font une randonnée en montagne. Ils partent du car et y reviennent en fin de journée. Quelle distance ont-ils parcourue ?

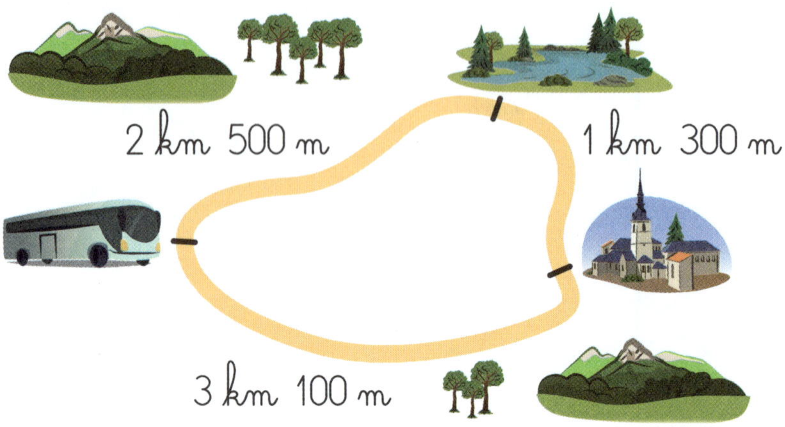

....

....

....

....

....

....

2 Voici l'itinéraire du cross de l'école. Quelle est la distance entre le parc et l'école ?

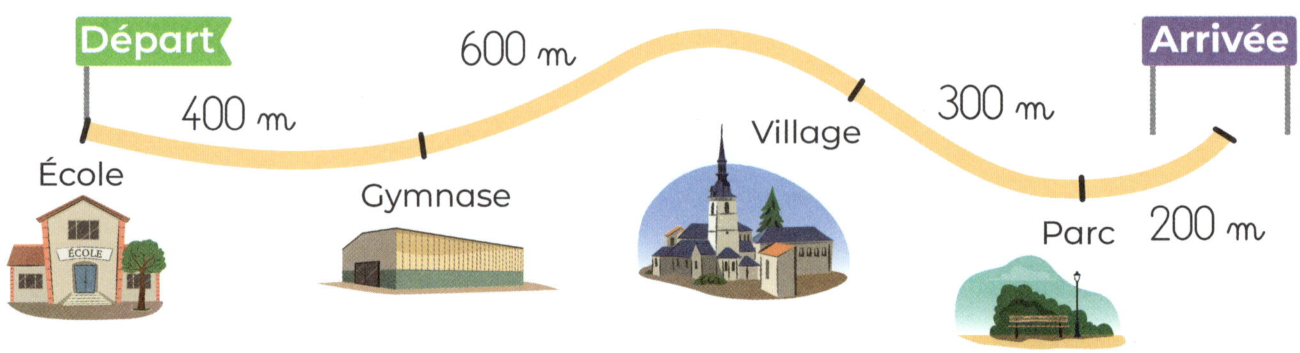

....

Création mathématique. Crée un problème où l'on cherche une distance totale, puis résous-le.

64 Reproduire un assemblage de figures ou solides

Date : ....

Reproduire un assemblage de figures planes.

1 Reproduis l'assemblage de figures à partir du point bleu.

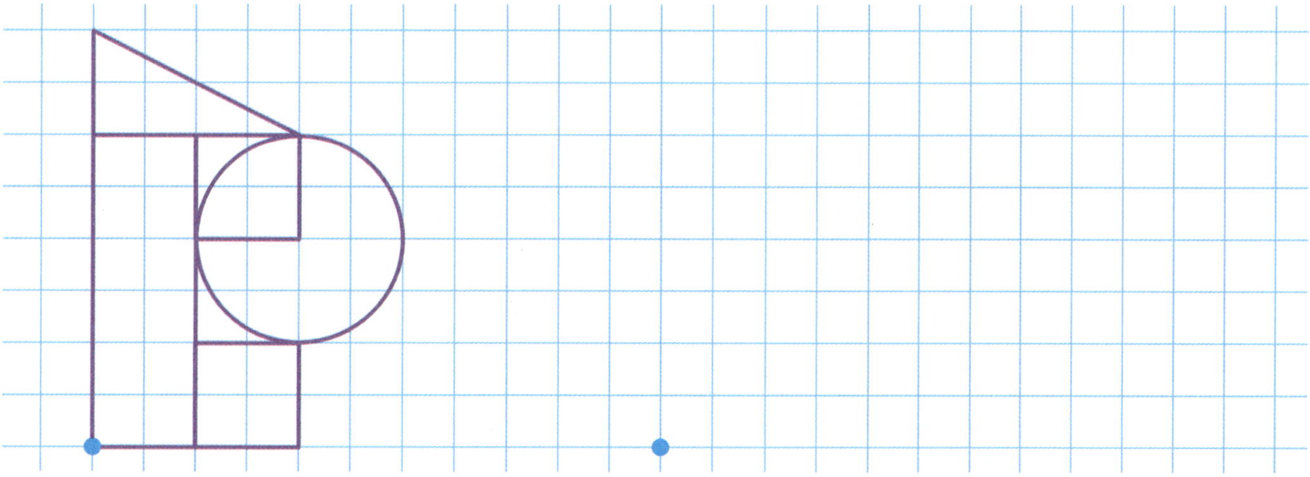

2 Reproduis l'assemblage de figures à partir du point bleu.

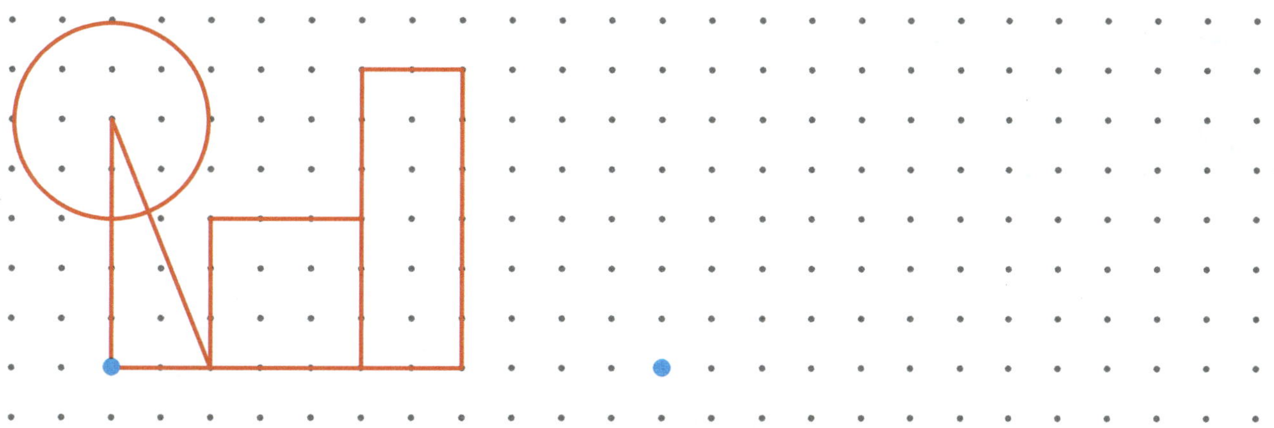

Création mathématique. Crée un assemblage comportant un carré, un cercle et un rectangle à partir du point rouge.

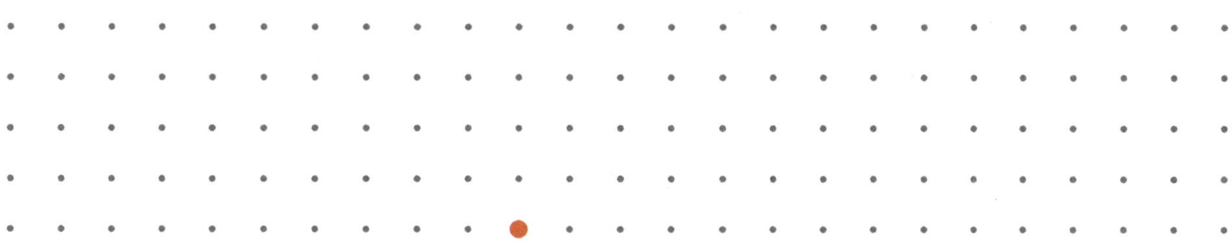

65 Comparer et mesurer des durées

Date : ....

Résoudre des problèmes de durées : calculer le temps écoulé entre deux instants.

1 Complète les phrases.

Dans une demi-heure, il y a .... quarts d'heure.
Dans une heure, il y a .... quarts d'heure.
Trois quarts d'heure, c'est .... minutes.
Une heure, c'est .... demi-heures ou .... quarts d'heure.

2 Un jardinier a passé un quart d'heure à tailler ses rosiers et une demi-heure à bêcher son potager. Combien de temps est-il resté dans le jardin ?

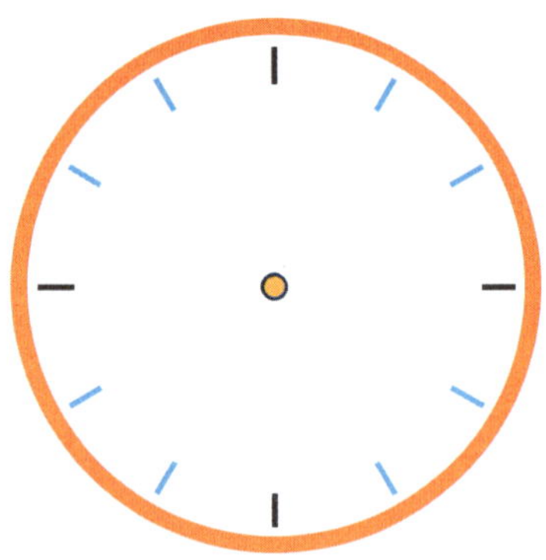

....
....
....
....

3 Le dimanche matin, Mathis fait du vélo de 10 h 30 à 11 h 25. Combien de temps dure sa balade ? Complète le schéma, puis réponds avec une phrase.

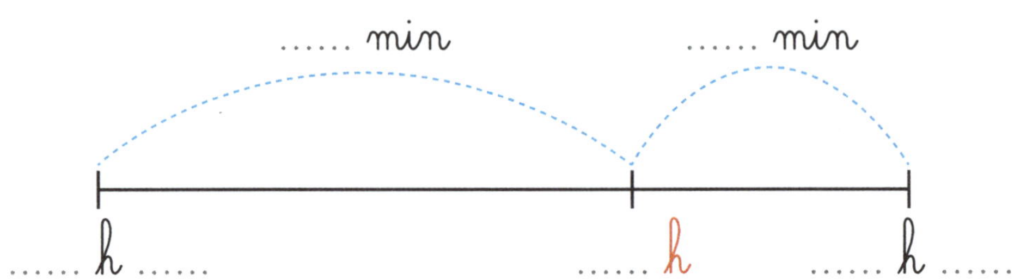

....
....

Comparer et mesurer des durées

Date : ....

Comparer des mesures de durées et résoudre des problèmes de durées.

1 Complète les égalités avec le symbole <, > ou =.

240 min ...... 2 h	3 h ...... 200 min	4 h ...... 240 min
2 h ...... 140 min	170 min ...... 3 h	300 min ...... 4 h

2 Des élèves de CE1 sont allés au musée l'après-midi. Combien de temps y sont-ils restés ? Complète le schéma, puis calcule la durée.

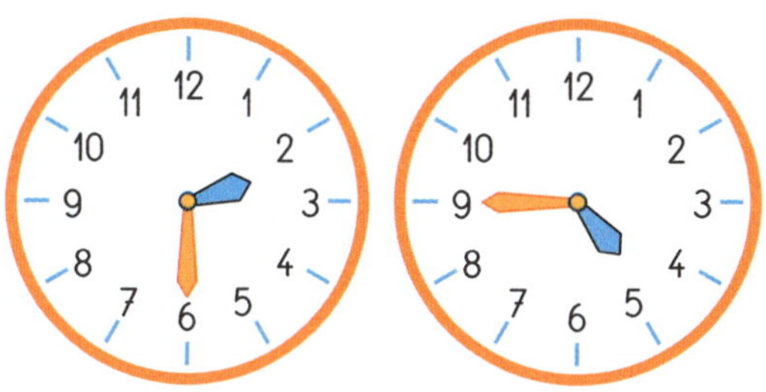

Heure d'arrivée — Heure de départ

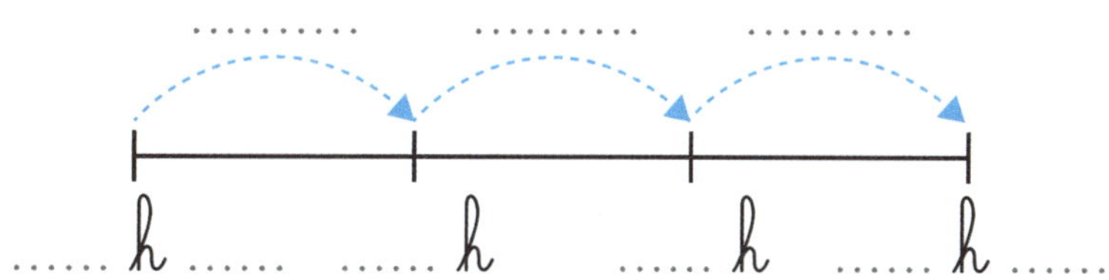

Heure d'arrivée — Heure de départ

....

....

Création mathématique. Représente une heure sur chaque horloge, puis calcule la durée entre les deux heures que tu as représentées.

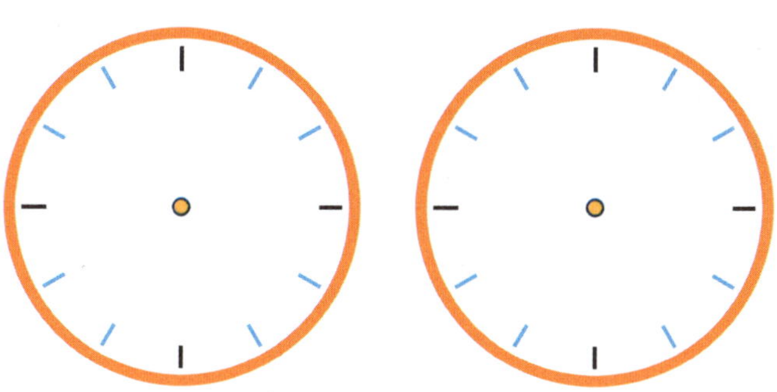

Durée écoulée : ....

66 Réviser l'addition et la soustraction en colonnes

Date : ....

Poser et calculer des additions et des soustractions en colonnes.

1 Entoure les opérations que tu aurais besoin de poser en colonnes pour trouver le résultat.

178 + 90 780 – 74 912 – 100 125 + 218 + 99

634 + 185 402 – 397 805 – 361 96 + 12 158 – 28

2 Effectue les calculs avec la méthode de ton choix.

178 + 94 + 58 = ...

780 – 374 = ...

912 – 170 = ...

564 + 216 + 220 = ...

3 Résous le problème avec la méthode de ton choix.

Alia a cueilli 65 cerises, Sofia 184 et Malo 99.
Ils les rassemblent dans un panier.
Cherche combien il y a de cerises dedans.

....

....

....

Réviser l'addition et la soustraction en colonnes

Date : ....

Poser et calculer des additions et des soustractions en colonnes.

1 Résous le problème avec la méthode de ton choix.

La directrice a commandé 450 stylos pour les élèves de l'école. Elle en a distribué 378. Combien lui en reste-t-il ?

....

....

....

2 Résous le problème avec la méthode de ton choix.

Amir mesure 127 cm. Sa grande sœur mesure 162 cm. Combien de centimètres de plus mesure-t-elle ?

....

....

....

Création mathématique. Calcule en colonnes une somme et une différence de ton choix.

67 Coder et décoder un déplacement

Date : ....

Comprendre et utiliser une suite d'instructions pour coder un déplacement.

1 Aide l'oiseau à retrouver son nid en suivant les instructions qui codent son déplacement. Trace son trajet en dessinant les flèches.

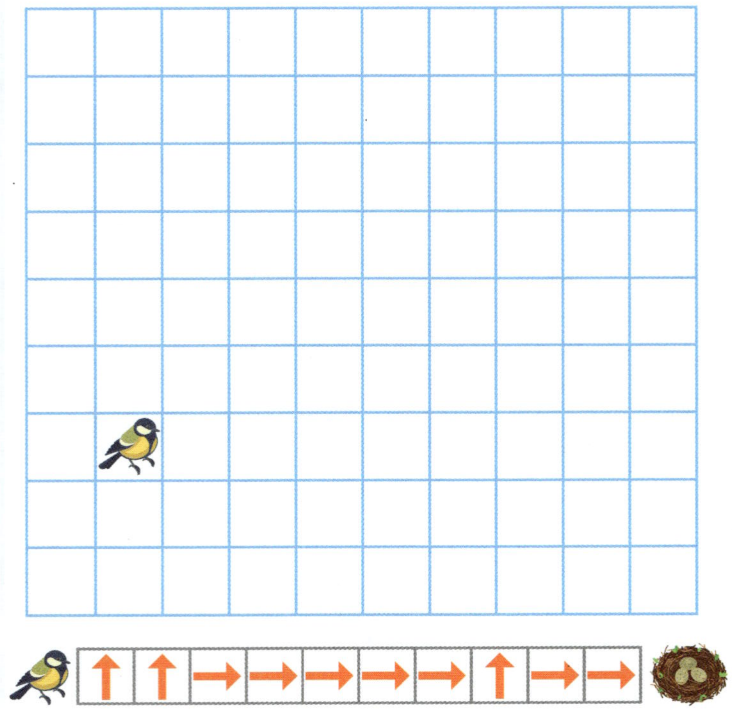

2 Termine le codage du déplacement de la tortue.

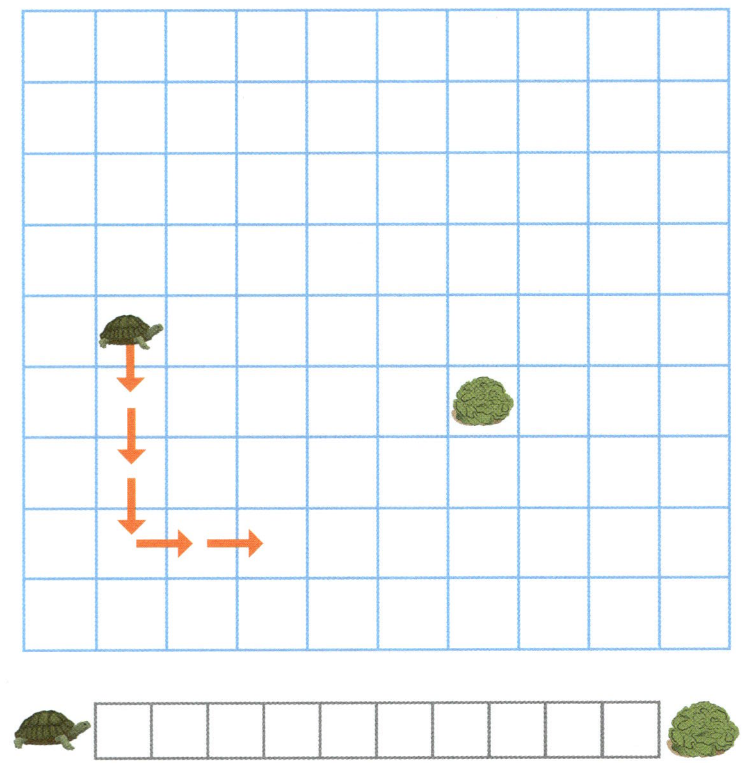

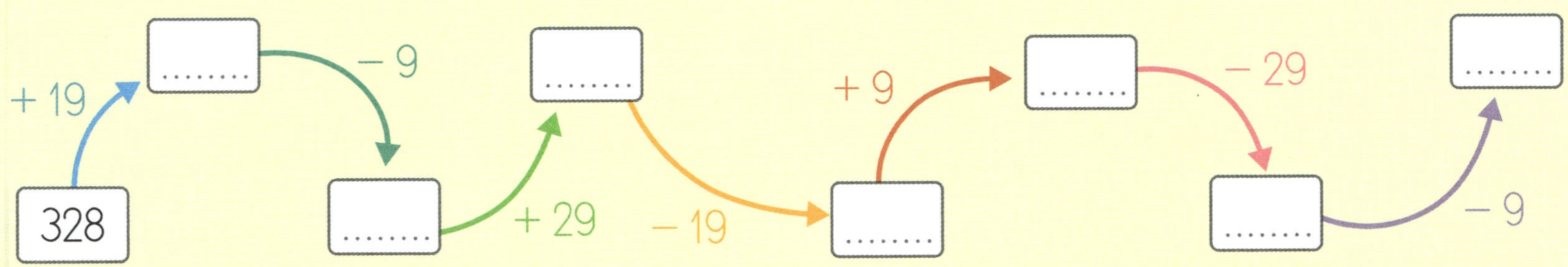

Coder et décoder un déplacement

Date : ....

Coder et décoder un déplacement sur quadrillage.

1 Code les instructions du déplacement effectué par l'ours jusqu'au miel.

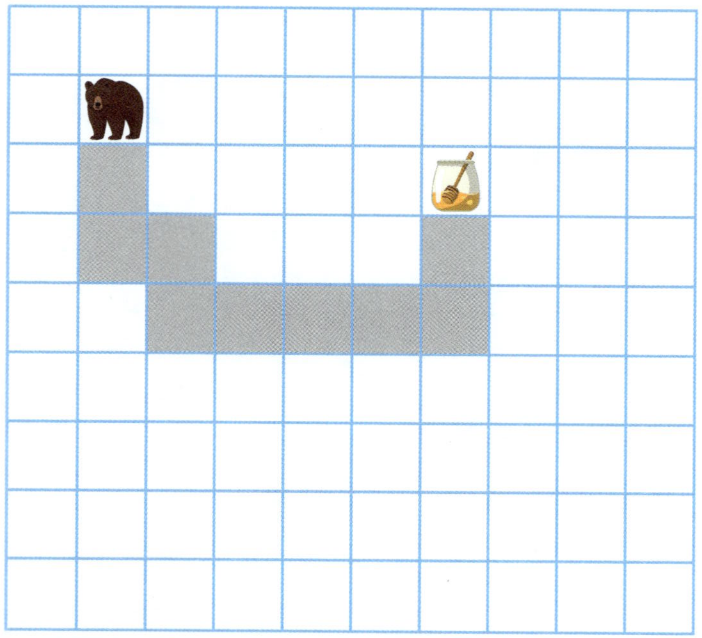

2 Malo se rend à l'école. Imagine un trajet en 9 déplacements en coloriant les cases sur lesquelles il passe, puis code son déplacement.

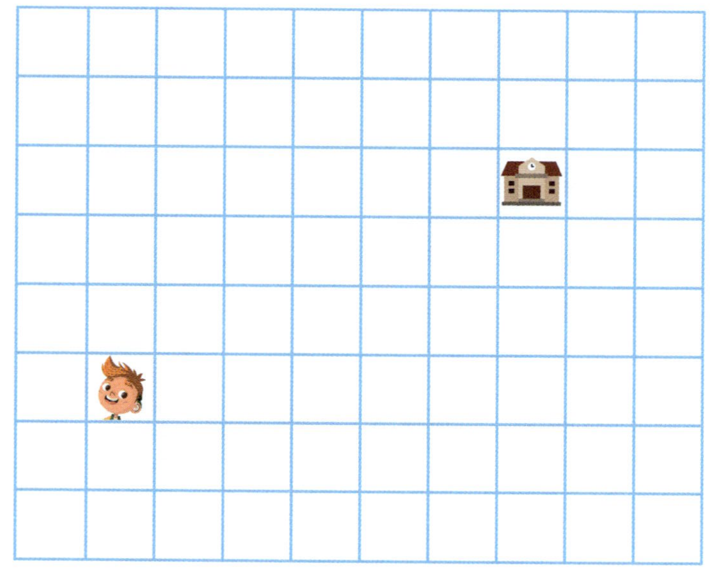

500 (bleu)

1 000 (rose)

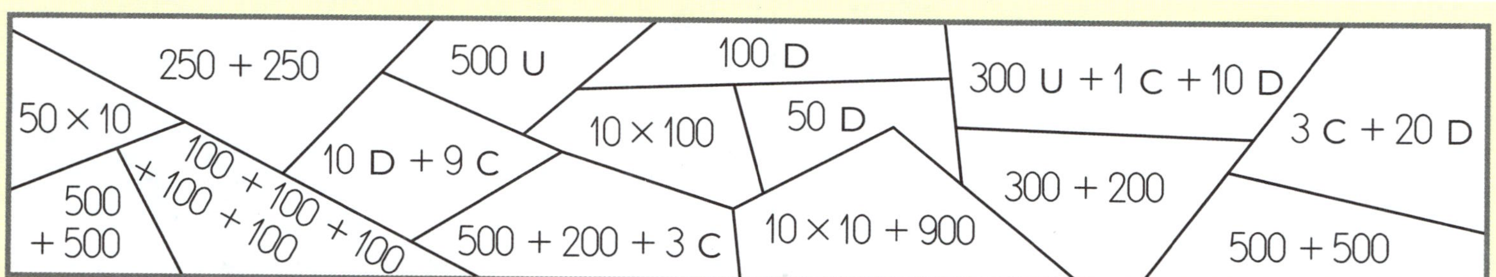

Coder et décoder un déplacement

Date : ....

Produire une suite d'instructions qui codent un déplacement sur quadrillage.

1 Entoure les codages correspondant au déplacement du chat vers la souris.

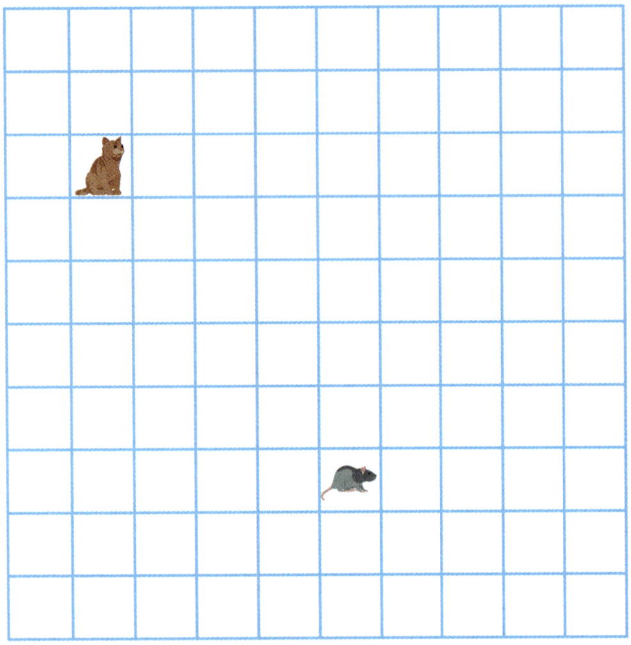

- ↓ ↓ ↓ ↓ → → ↑ ↑ ↑
- → → → ↓ ↓ ↓ ↓ ↓ →
- → → → ↓ ↓ ↓ ↓ → →
- → → ↓ ↓ ↓ ↓ ↓ → →

Création mathématique. Code un trajet en 10 déplacements, indique le départ, puis fais-le tracer à un autre élève.

68 Produire un diagramme en barres

Date : ....

Lire un diagramme en barres.

Voici les résultats d'une enquête sur les matières préférées des élèves d'une classe.

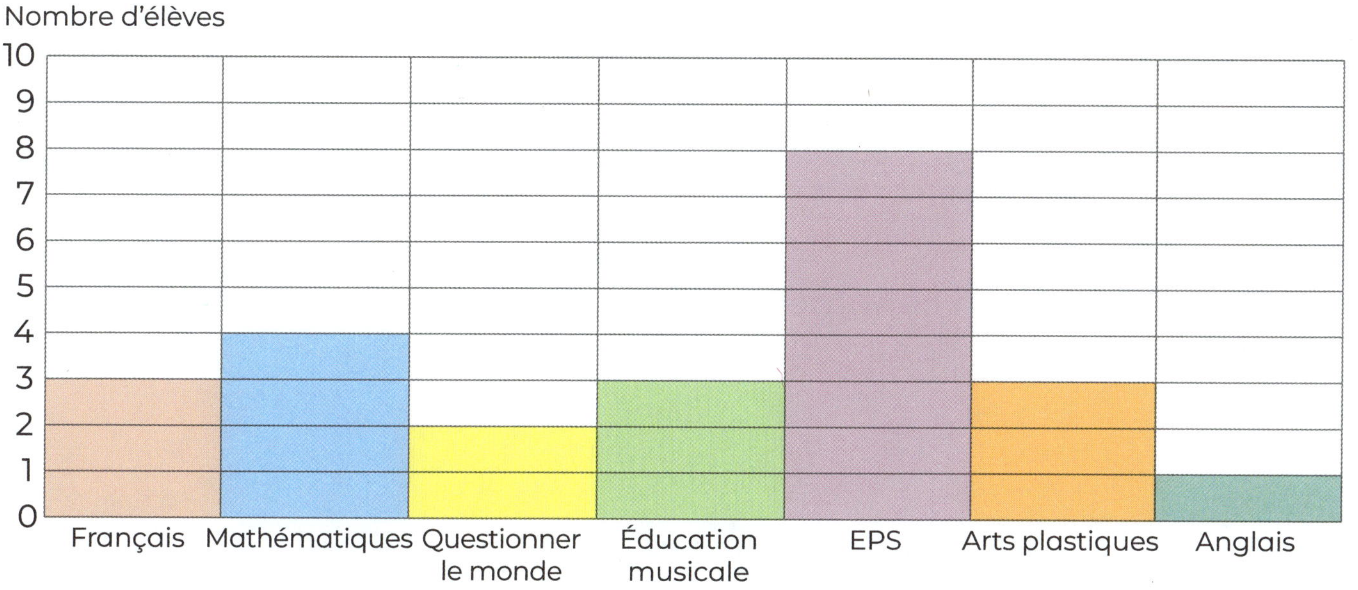

1 Observe le graphique et complète le tableau.

	Anglais	Mathématiques	EPS	Éducation musicale	Français	Questionner le monde	Arts plastiques
Nombre d'élèves							

2 Entoure la bonne réponse.

Plus d'élèves préfèrent les mathématiques à l'anglais.

Vrai Faux

Cinq élèves préfèrent l'éducation musicale.

Vrai Faux

Autant d'élèves préfèrent les arts plastiques au français.

Vrai Faux

Création mathématique.
Donne d'autres informations sur cette classe.

Mémo

J'ai appris à **rendre la monnaie**.

Je donne 30 € pour payer un livre qui coûte 25,50 €.

25,50 €	26 €	30 €
Prix de départ	Euro supérieur	Somme donnée par l'acheteur

Écart en centime : 50 centimes — 0,50 €

Écart en euro : 4 €

0,50 € + 4 € = 4,50 €

Le vendeur doit me rendre 4,50 €.

J'ai appris à **coder** un déplacement sur une grille avec une suite d'instructions.

Je dois me déplacer de :

- 3 cases vers la droite ;
- 5 cases vers le bas ;
- 3 cases vers la gauche ;
- 3 cases vers le bas.

J'ai atteint l'arrivée.

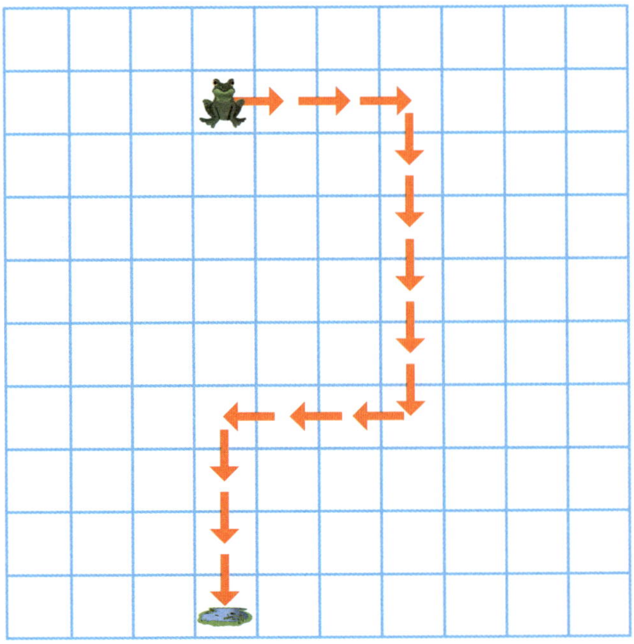

Mémo

J'ai appris à calculer des **durées** écoulées entre deux heures données.

J'ai appris à comparer des durées écoulées entre deux horaires représentés sur une horloge.

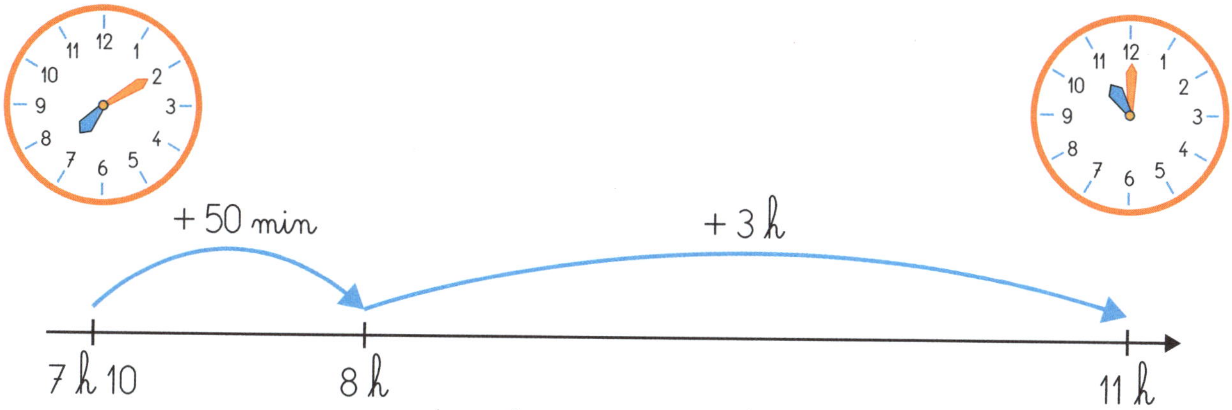

Il s'écoule 3 h 50 entre 7 h 10 et 11 h.

J'ai appris à additionner et à soustraire des fractions de même dénominateur.

Additionner des fractions

Je calcule $\frac{4}{6} + \frac{1}{6}$:

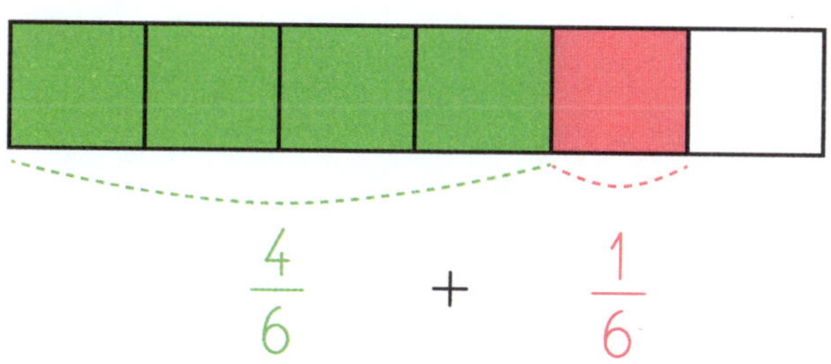

$\frac{5}{6}$ de l'unité sont colorés, donc :

$\frac{4}{6} + \frac{1}{6} = \frac{5}{6}$

Soustraire des fractions

Je calcule $\frac{5}{8} - \frac{3}{8}$:

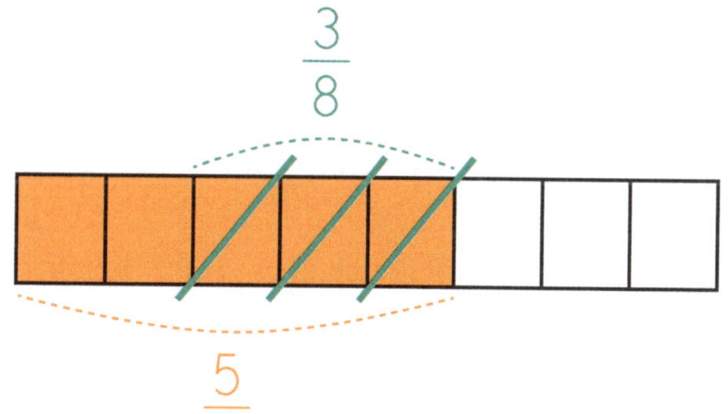

$\frac{5}{8}$ de l'unité sont colorés et $\frac{3}{8}$ sont retirés.

Il reste donc $\frac{2}{8}$.

Je sais additionner ou soustraire des fractions seulement si elles ont le **même dénominateur**.

Période 5

Maths à la maison

Mesure de meubles

Avec une règle graduée, mesure des meubles de ta maison.

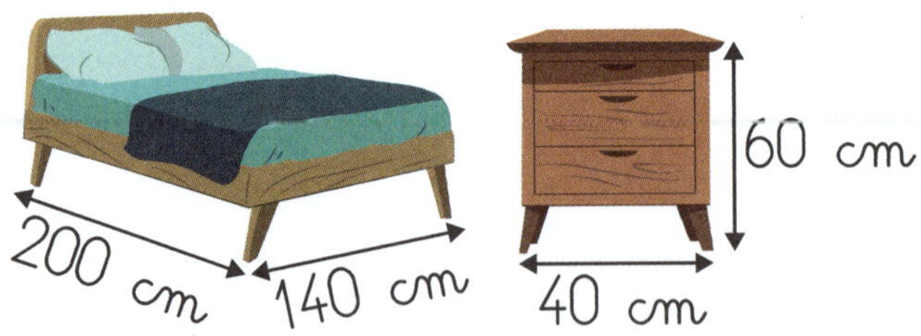

Durée d'un repas

Regarde à quelle heure tu commences et termine de manger, puis calcule la durée de ton repas.

Enquête express

Interroge tes proches sur un sujet pour construire un diagramme en barres.

Question : ....

....	....
....	....
....	....
....	....

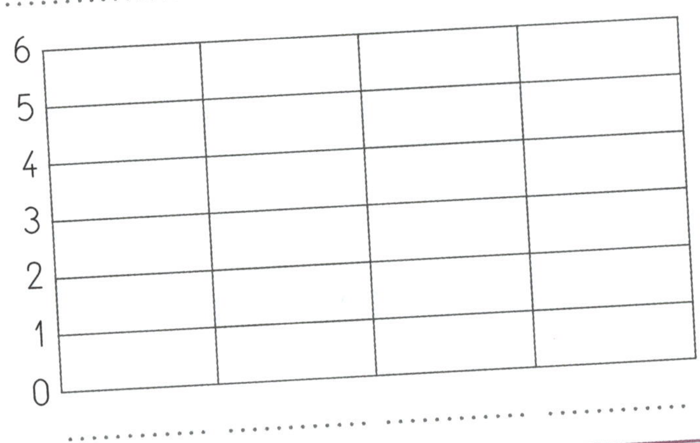

Labyrinthe secret

Ce jeu se joue à trois joueurs.
Trace le rectangle ci-contre sur deux feuilles à carreaux. Place le point de départ et le trésor aux endroits indiqués.
Sur l'une des deux feuilles, l'un des joueurs trace les murs qu'il souhaite afin de protéger le trésor. Il doit exister un chemin pour aller du départ au trésor.
Les deux autres joueurs sont en équipe. L'un d'eux peut regarder le labyrinthe dessiné par le premier joueur et doit guider son coéquipier. Son coéquipier n'a pas le droit de regarder le labyrinthe et doit tracer dans le rectangle vide un chemin permettant d'aller du point de départ au trésor, sans passer à travers un mur.

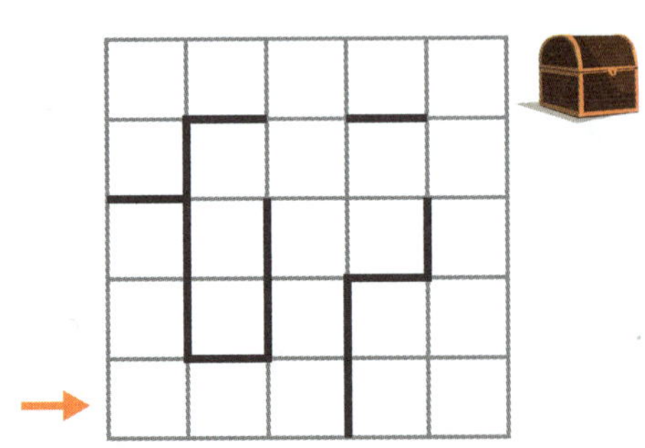

Festival au mont Fuji

À la classe de CE1

Dernière étape de notre voyage : un festival japonais. Alia m'a dit qu'elle voulait un masque. Peux-tu m'aider à en choisir un ?

Malo

La version numérique sur LLS.fr/MCE1Escape5

1 Indique combien de temps Malo est resté sur ce stand.

Malo a commencé à jouer à 19 h 15 et est parti à 20 h.

...... h ...... min

2 Entoure les calculs dont le résultat est 32.

16×2 | $34 + 2$ | $42 - 10$ | 8×4 | 5×10 | 11×3

3 Relie chaque anneau au piquet correspondant.

Piquets : $\frac{3}{7}$ | $\frac{2}{7}$ | $\frac{6}{7}$

Anneaux : $\frac{4}{7} + \frac{2}{7}$ | $\frac{5}{7} - \frac{2}{7}$ | $\frac{1}{7} + \frac{1}{7}$

4 Reproduis cet assemblage de figures.

3 tickets = 1 masque

Neko | Méli | Sumo

....

Problèmes de type partie-tout : recherche d'une partie

Date : ....

1 Une tour comporte 25 cubes bleus et des cubes rouges. Il y a 42 cubes en tout. Cherche combien il y a de cubes rouges dans la tour.

Il y a .... cubes rouges.

Problème intercalaire. Quelle modélisation correspond à cet énoncé ?

Un panier de 53 fruits comporte 26 pommes et le restant de poires. Quelle est la quantité de poires ?

26	
53	?

53	
26	?

?	
26	53

Problèmes de type partie-tout : recherche d'une partie

Date : ....

1 Un fleuriste vend un bouquet de 36 fleurs rouges et blanches. Dans ce bouquet, 13 fleurs sont rouges. Cherche combien il y a de fleurs blanches dans ce bouquet.

Il y a .... fleurs blanches dans ce bouquet.

2 Au cinéma, un caissier compte les entrées du jour. Il a vendu 98 entrées, dont 12 ont été vendues à des enfants et les autres à des adultes. Combien d'adultes sont entrés dans le cinéma ?

.... adultes sont entrés dans le cinéma.

Date : ....

1 En arrivant à l'école ce matin, Léo avait 44 cartes.
Il en a gagné 25 pendant la récréation.
Combien Léo a-t-il de cartes en tout ?

Léo a .... cartes en tout.

Problème intercalaire. Quelle modélisation correspond à cet énoncé ?

Samson nage 55 mètres, sort de la piscine, puis nage à nouveau 75 mètres. Quelle distance a-t-il parcourue ?

55	?
75	

75	
55	?

?	
55	75

Problèmes additifs à une étape

Date : ....

1 En arrivant à l'école ce matin, Étienne avait 78 cartes.
Il en a perdu 24 pendant la récréation.
Combien reste-t-il de cartes à Étienne ?

Il reste .... cartes à Étienne.

Problème intercalaire. Quelle modélisation correspond à cet énoncé ?

Sofia possède 78 euros. Elle va au marché et achète pour 35 euros de légumes. Combien d'argent lui reste-t-il ?

78	
35	?

35	
78	?

?	
35	78

Problèmes de comparaison : recherche de la valeur de l'écart

Date : ....

1 Zineb possède 52 cartes et Lasya en possède 96.
Combien Lasya a-t-elle de cartes de plus que Zineb ?

Lasya possède .... cartes de plus que Zineb.

Problème intercalaire. Quelle modélisation correspond à cet énoncé ?

Alexandre a 18 feutres dans sa trousse et Sacha en a 34.
Combien Alexandre a-t-il de feutres de moins ?

18	34
?	

34	
18	?

34	?
18	

Problèmes de comparaison : recherche de la valeur de l'écart

Date : ....

1 Gabin possède 18 billes et Maya 45.
Cherche combien Gabin possède de billes en moins.

Gabin possède .... billes de moins que Maya.

2 Le chien de Syrine pèse 37 kg. Le berger allemand de Rémi pèse 54 kg.
Quel est l'écart de poids entre les deux chiens ?

Il y a .... kg d'écart entre les deux chiens.

Problèmes de comparaison : recherche de la valeur du référent

Date : ....

1 Une tour bleue comporte 46 cubes. Elle en comporte 31 de moins qu'une autre tour rouge.
Cherche combien il y a de cubes dans la tour rouge.

Il y a .... cubes dans la tour rouge.

Problème intercalaire. Quelle modélisation correspond à cet énoncé ?

Un promeneur cueille 37 cerises. Il en cueille 19 de plus que Déborah. Combien Déborah en a-t-elle cueilli ?

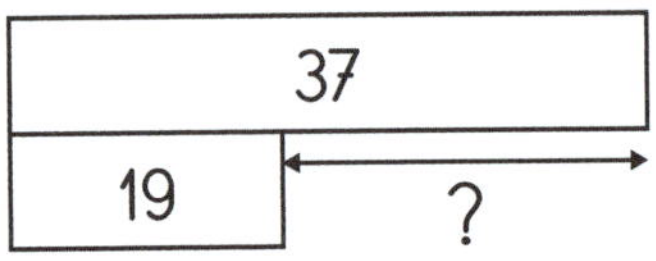

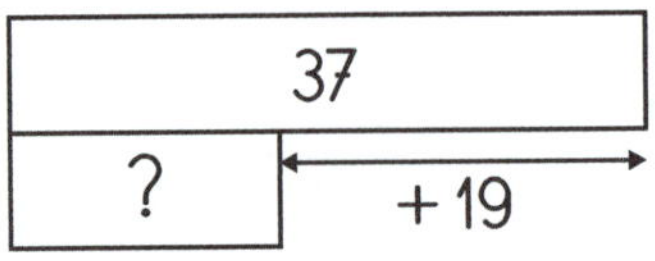

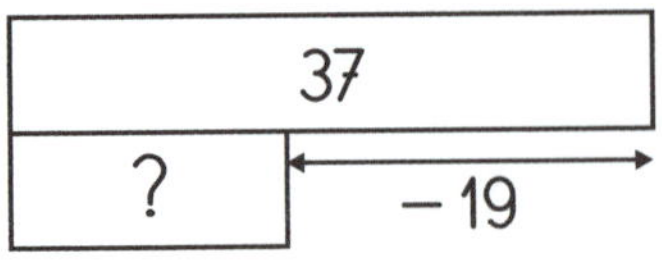

Problèmes de comparaison : recherche de la valeur du référent

Date : ....

1 La collection de Joe comporte 87 billes de plus que celle de Lola, qui en a 58. Cherche combien de billes possède Joe.

Joe possède .... *billes.*

2 Mila parcourt 450 mètres de plus que Fabio pour aller à l'école. Fabio doit marcher 380 mètres.
Quelle distance Mila parcourt-elle ?

Mila parcourt .... *mètres pour aller à l'école.*

Date : ....

1 Une tour bleue comporte 94 cubes. Elle contient 53 cubes de plus qu'une tour rouge.
Cherche combien il y a de cubes dans la tour rouge.

Il y a .... cubes dans la tour rouge.

Problème intercalaire. Quelle modélisation correspond à cet énoncé ?

Un panier de pommes comporte 58 pommes. Un panier de poires contient 36 fruits de moins. Combien y a-t-il de poires ?

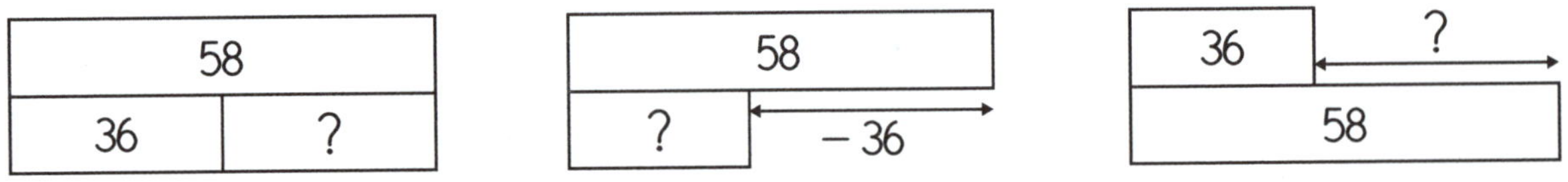

Problèmes de comparaison : recherche de la valeur du référé

Date : ....

1 Une tour bleue comporte 93 cubes. Elle contient 58 cubes de moins qu'une tour rouge.
Cherche combien il y a de cubes dans la tour rouge.

Il y a .... cubes dans la tour rouge.

2 Des grappes de raisin noir comportent 88 grains.
Des grappes de raisin blanc en comptent 27 de plus.
Combien y a-t-il de grains de raisin blanc ?

Il y a .... grains de raisin blanc.

Problèmes multiplicatifs : recherche du tout

Date : ....

1 Un élève veut fabriquer 8 tours de 4 cubes chacune. Cherche combien de cubes il lui faut pour fabriquer toutes ces tours.

L'élève a besoin de .... cubes.

Problème intercalaire. Quelle modélisation correspond à cet énoncé ?

Sur un dé, il y a 21 points. Combien y a-t-il de points sur 8 dés ?

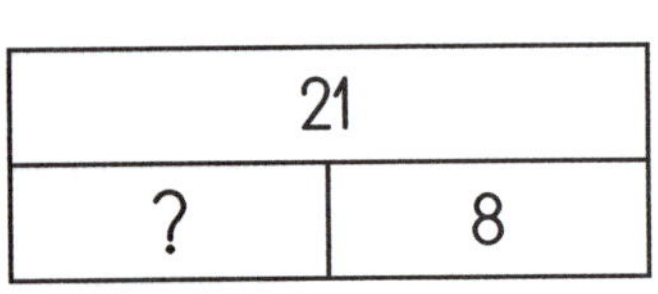

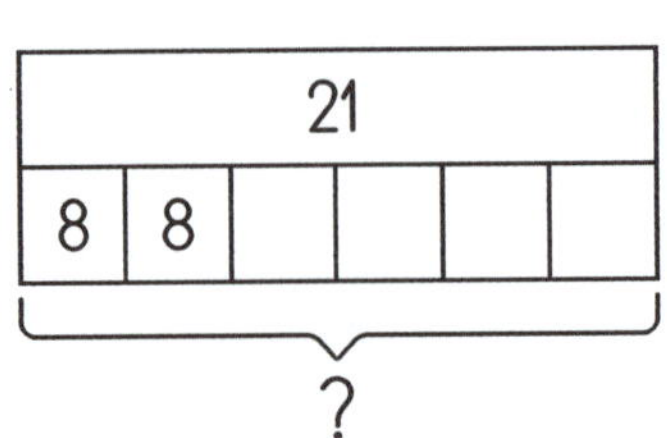

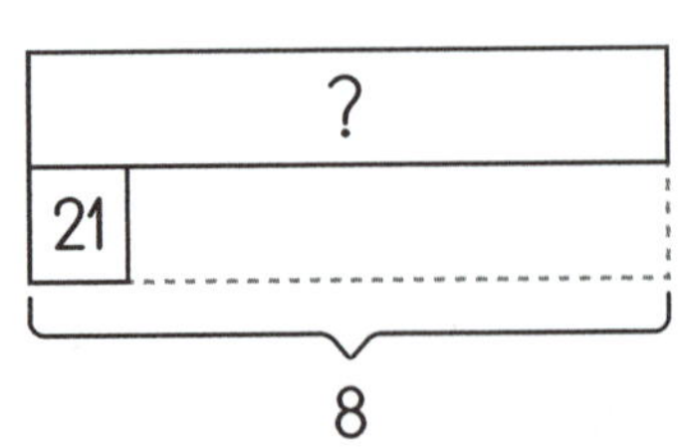

Problèmes multiplicatifs : recherche du tout

Date : ....

1 Combien pèsent 8 crayons de 3 grammes chacun ?

Les 8 crayons ont une masse totale de .... grammes.

2 Ryan a fabriqué 5 colliers de 8 perles chacun.
Cherche combien de perles Ryan doit utiliser en tout.

Ryan doit utiliser .... perles.

Problèmes multiplicatifs : recherche du nombre de parts

Date : ....

1 Un élève possède 30 cubes et veut construire des tours de 5 cubes chacune. Combien de tours peut-il construire ?

L'élève peut fabriquer .... *tours de 5 cubes.*

Problème intercalaire. Quelle modélisation correspond à cet énoncé ?

Combien de bouquets de 9 fleurs puis-je confectionner avec 63 fleurs ?

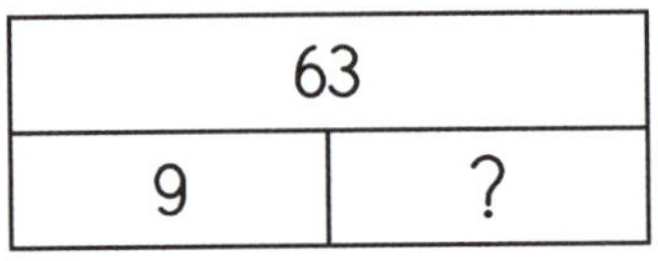

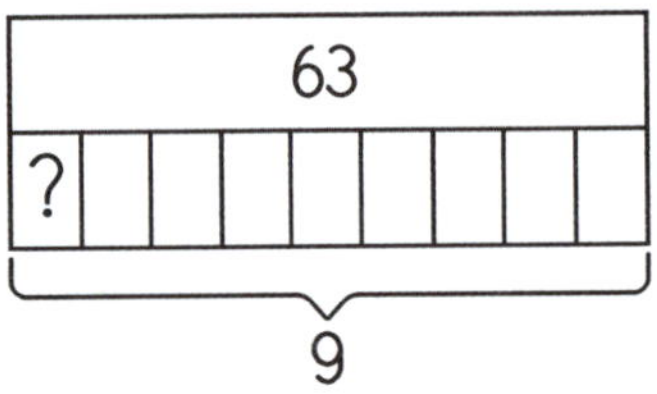

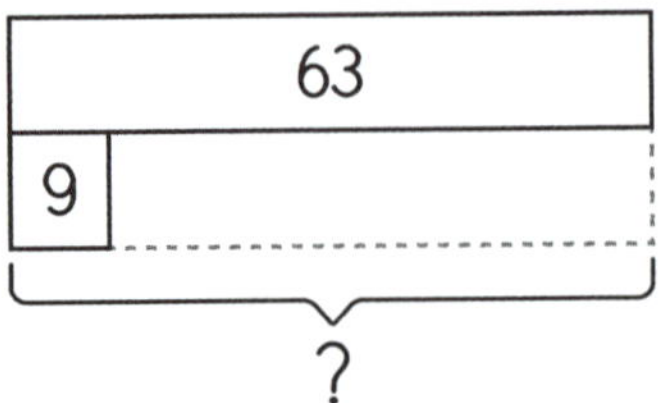

Problèmes multiplicatifs : recherche du nombre de parts

Date : ....

1 Pour préparer son plat, un cuisinier a besoin de 1 000 g de poisson. Un poisson pèse 200 g.
Cherche combien de poissons le cuisinier va utiliser.

Le cuisinier va utiliser .... *poissons.*

2 Combien de boites de 6 œufs dois-je acheter si je souhaite ranger 66 œufs ?

Je dois acheter .... *boites de 6 œufs.*

Problèmes multiplicatifs : recherche de la valeur d'une part

Date : ....

1 Un élève possède 28 cubes et veut fabriquer 7 tours identiques. Combien de cubes doit-il mettre dans chaque tour ?

Chaque tour doit comporter .... *cubes.*

Problème intercalaire. Quelle modélisation correspond à cet énoncé ?

J'ai 48 feutres que je veux ranger équitablement dans 6 trousses différentes. Combien de feutres puis-je mettre dans chaque trousse ?

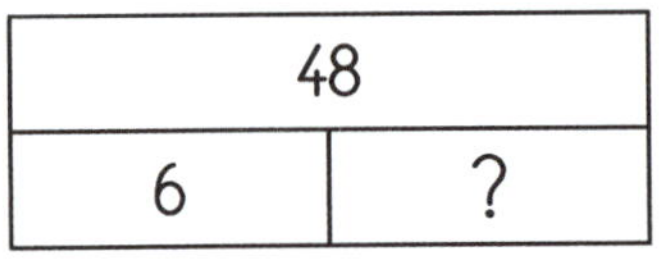

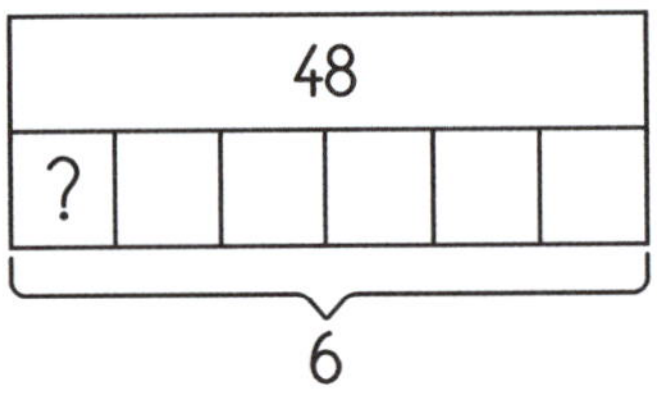

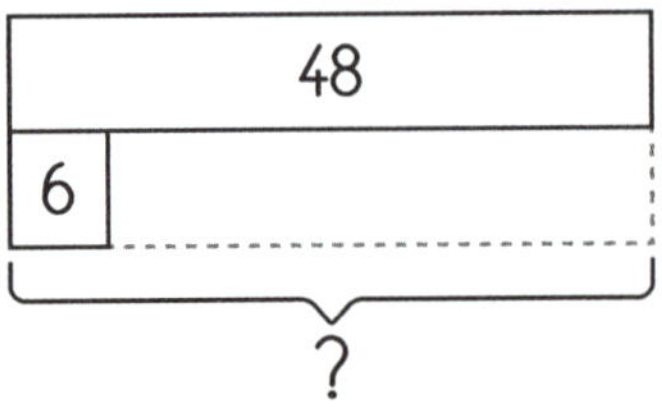

Problèmes multiplicatifs : recherche de la valeur d'une part

Date : ....

1 Yasmine a 42 plants de fraises. Elle les a plantés sur 6 rangées. Chaque rangée contient le même nombre de fraisiers. Cherche le nombre de fraisiers dans chaque rangée.

Il y a .... plants de fraises par rangée.

2 8 pirates se partagent équitablement un trésor de 64 pièces d'or. Cherche la part de chaque pirate.

Chaque pirate aura .... pièces d'or.

Problèmes additifs à deux étapes : recherche du tout

Date : ....

1 Une tour possède 85 cubes. Un premier élève la complète avec 19 cubes, puis un second élève la complète encore avec 24 cubes. Combien y a-t-il de cubes dans la tour ?

Il y a .... cubes en tout dans la tour.

Problème intercalaire. Quelle modélisation correspond à cet énoncé ?

Une famille produit 86 kg de déchets en deux semaines, 27 kg la semaine suivante et 32 kg la dernière semaine du mois. Combien de kilos de déchets cette famille produit-elle en un mois ?

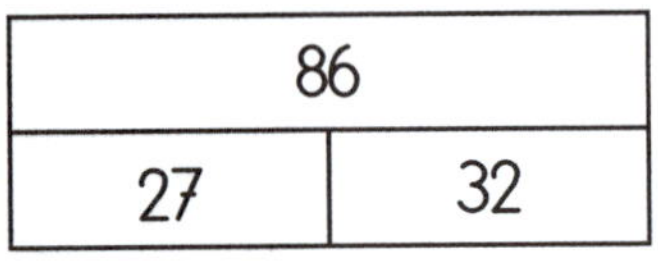

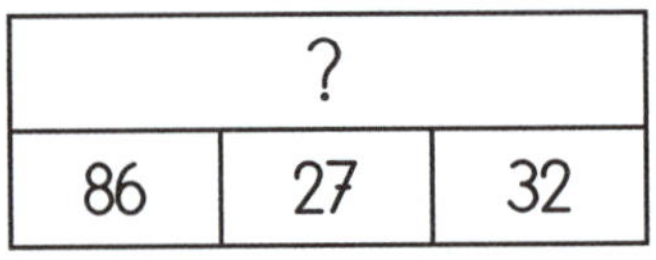

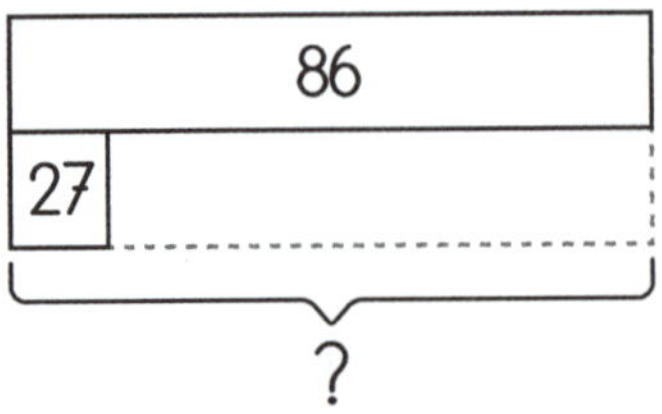

Date : ....

1 352 voitures sont garées dans un parking. 72 s'y ajoutent le matin et 47 l'après-midi. Cherche combien il y a de voitures sur le parking à la fin de la journée.

Il y a .... voitures garées à la fin de la journée.

2 Un groupe de 276 touristes part en visite en plusieurs équipes. 101 partent en premier et 43 ensuite. Combien de touristes doivent encore partir ?

Il y a encore .... touristes qui doivent partir.

Date : ....

1 Une tour comporte 94 cubes. Un premier élève en retire 19, puis un second élève en ajoute. Il y a maintenant 103 cubes dans la tour. Combien de cubes ont été ajoutés par le second élève ?

.... *cubes ont été ajoutés par le second élève.*

Problème intercalaire. Quelle modélisation correspond à cet énoncé ?

Un club achète 48 ballons. La mairie en achète 52. Il y a maintenant 125 ballons. Combien y avait-il de ballons avant ces achats ?

Modélisation 1

125	
?	48

?	
52	48

Modélisation 2

125	
52	?

125	
48	?

Modélisation 3

?	
52	48

125	
?	?

Date : ....

1 À la pâtisserie, Victoire achète une tarte à 18 € et un gâteau à 27 €. Elle donne un billet à la vendeuse, qui lui rend 5 €. Combien d'argent Victoire a-t-elle donné à la vendeuse ?

Victoire a donné .... *€ à la vendeuse.*

2 À la boulangerie, Inès achète une baguette à 1,35 € et un croissant. Elle donne un billet de 5 €, et le vendeur lui rend 2,70 €. Combien coûte le croissant ?

Le croissant coûte .... *€.*

Problèmes mixtes : produit et addition

Date : ....

1 Je construis 5 tours de 4 cubes chacune. J'ajoute ensuite 20 cubes à l'une des tours. Combien de cubes y a-t-il au total ?

Il y a .... cubes en tout.

Problème intercalaire. Quelle modélisation correspond à cet énoncé ?

J'ai 8 sachets contenant 8 crayons de couleur chacun.
J'ai également 5 crayons à papier. Combien de crayons ai-je en tout ?

Modélisation 1

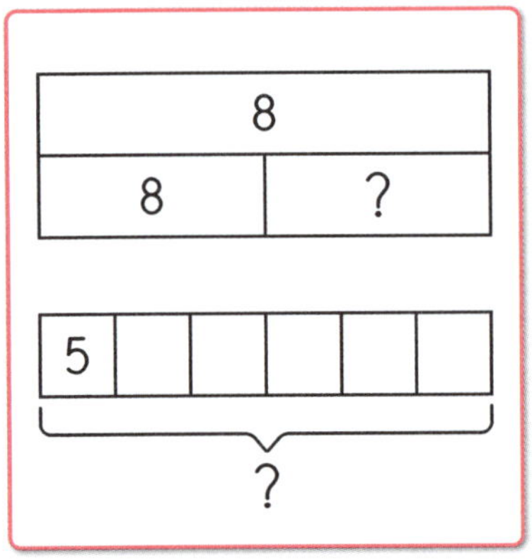

Modélisation 2

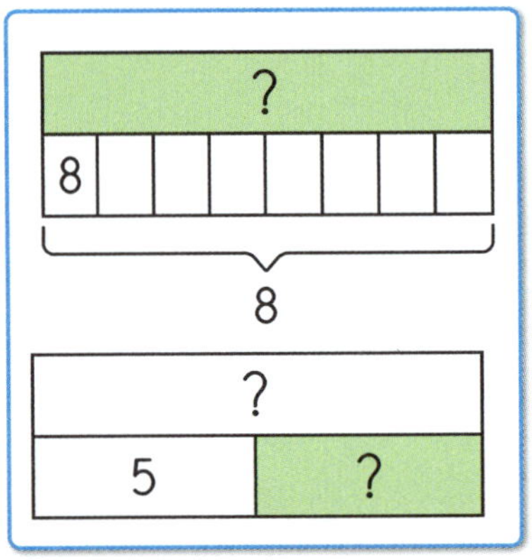

Modélisation 3

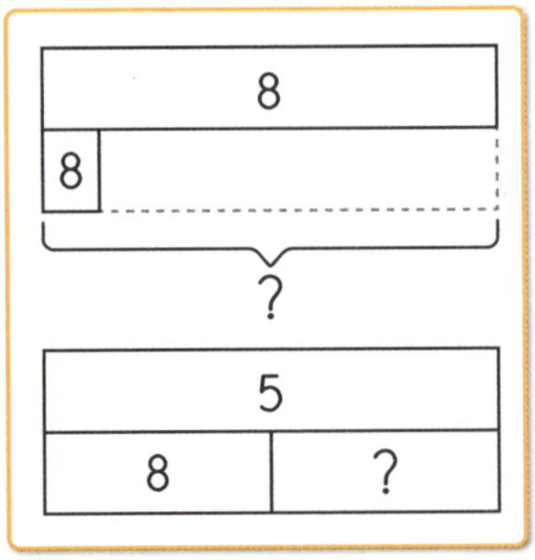

Date : ....

1 Dans un restaurant, il y a 12 tables de 5 personnes et une table de 6 personnes.
Cherche combien il y a de places en tout.

Il y a .... places en tout.

2 Dans l'armoire de la classe sont rangés 3 paquets de 8 cahiers bleus, et 5 cahiers rouges.
Cherche combien il y a de cahiers dans l'armoire.

Il y a .... cahiers dans l'armoire.

Problèmes mixtes : produit et soustraction

Date : ....

1 Un élève construit 7 tours de 5 cubes chacune.
Il retire ensuite 3 cubes à l'une des tours.
Combien de cubes reste-t-il ?

Il reste .... cubes.

Problème intercalaire. Quelle modélisation correspond à cet énoncé ?

J'ai réuni 9 chèques de 15 € pour le voyage. Je dois déduire 18 € pour payer le repas. Combien d'argent me reste-t-il ?

Modélisation 1

Modélisation 2

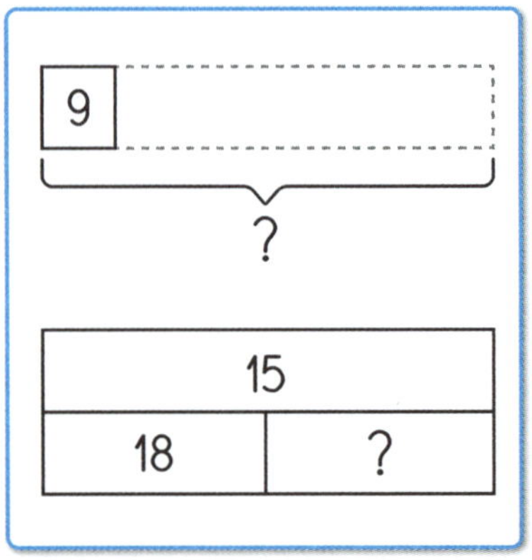

Modélisation 3

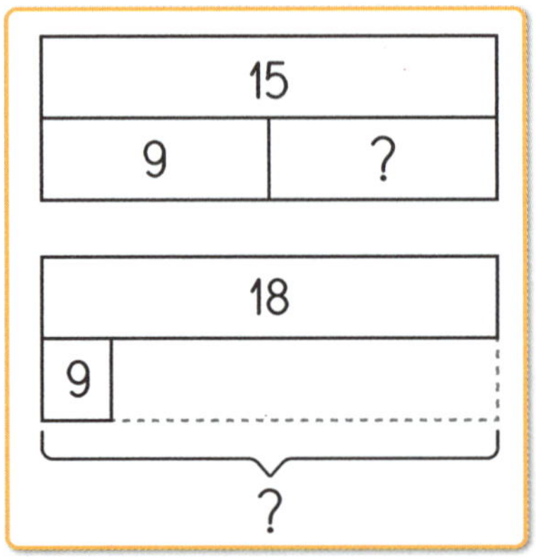

Problèmes mixtes : produit et soustraction

Date : ....

1 Tuan achète 10 croissants à 0,90 € l'unité. Il paie avec un billet de 10 €. Quelle somme le boulanger doit-il lui rendre ?

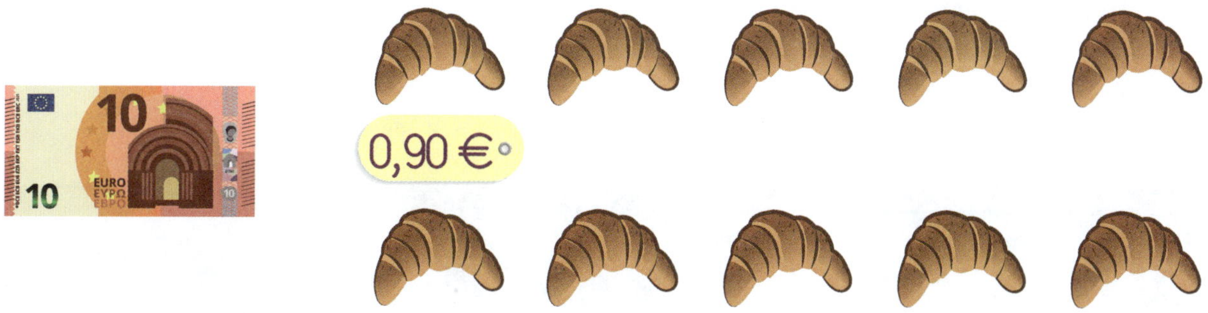

Le boulanger doit rendre .... *€ à Tuan.*

2 Avec son billet de 50 €, Kriss achète 9 livres à 4 € l'unité. Combien d'argent lui reste-t-il ?

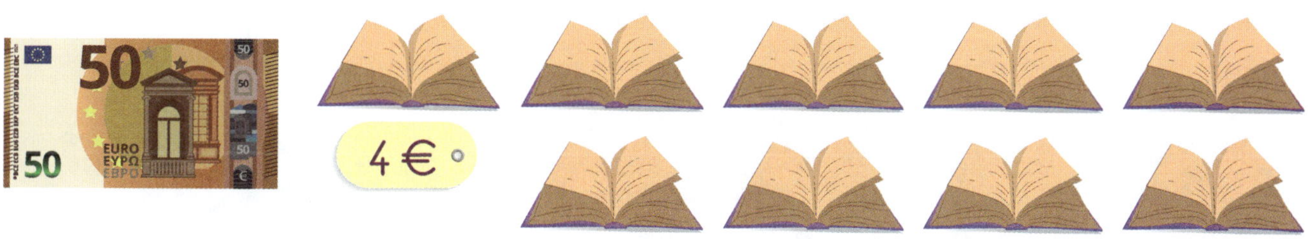

Il reste .... *€ à Kriss.*

Associer un énoncé à sa modélisation

Date : ....

1 **Additif partie-tout :** Quelle situation correspond à cet énoncé ?

Le score total du match entre les équipes A et B est de 38 paniers.
L'équipe B a marqué 15 paniers.
Combien de paniers ont été marqués par l'équipe A ?

Situation 1

Situation 2

Situation 3

2 **Comparaison :** Quelle situation correspond à cet énoncé ?

Pour faire les courses, Malo possède 35 € et Sofia 17 €.
Combien Malo a-t-il d'argent en plus ?

Situation 1

Situation 2

Situation 3

Associer un énoncé à sa modélisation

3 **Multiplicatif :** Quelle représentation correspond à cet énoncé ?
Un maraicher propose des sachets de 9 pommes chacun. Au total, il a 81 pommes à vendre. Combien y a-t-il de sachets ?

Représentation 1

Représentation 2

Représentation 3

4 **Additif deux étapes :** Quelle représentation correspond à cet énoncé ?
Ce matin, j'avais 65 €. J'ai dépensé 42 €, puis un ami m'a remboursé 6 €. Combien d'argent ai-je en fin de journée ?

Représentation 1

65 € → (– 42 €) → ? € → (+ 6 €) → ? €

Somme au matin — Somme après dépense — Somme le soir

Représentation 2

65 € → (– 6 €) → ? € → (+ 42 €) → ? €

Somme au matin — Somme après dépense — Somme le soir

Représentation 3

? € → (– 42 €) → ? € → (+ 6 €) → 65 €

Somme au matin — Somme après dépense — Somme le soir

Chrono 1 (1 min)

Date : ....

Faits numériques

- 3 + 4 = ... ☐
- 4 + 5 = ... ☐
- 5 + 6 = ... ☐
- 6 + 7 = ... ☐
- 6 + 8 = ... ☐
- 9 + ... = 15 ☐
- 7 + 3 = ... ☐
- 8 + 7 = ... ☐
- 7 + ... = 16 ☐
- 3 + 8 = ... ☐
- 5 + ... = 14 ☐
- 9 + 8 = ... ☐
- 3 + 9 = ... ☐
- 2 + ... = 9 ☐
- .... + 6 = 14 ☐

Mon résultat : ....

Chrono 2 (1 min)

Date : ....

Faits numériques

- 2 × .... = 8 ☐
- 9 + 8 = ... ☐
- 10 + ... = 20 ☐
- 2 × 3 = ... ☐
- 2 × 9 = ... ☐
- 2 × .... = 14 ☐
- 6 + 6 = ... ☐
- 18 = 9 + ... ☐
- 2 × .... = 10 ☐
- 2 × 8 = ... ☐
- 8 + ... = 16 ☐
- 2 × 10 = ... ☐
- 3 + ... = 14 ☐
- 3 × .... = 6 ☐
- 9 + 6 = ... ☐

Mon résultat : ....

Chrono 3 (3 min)

Date : ....

Faits numériques et procédures

- 3 × 3 = ... ☐
- 10 + 32 = ... ☐
- 3 × 4 = ... ☐
- 23 + 10 = ... ☐
- 8 + 6 = ... ☐
- 3 × .... = 15 ☐
- 4 + 7 = ... ☐
- 7 + ... = 12 ☐
- 3 × 9 = ... ☐
- 41 + 10 = ... ☐
- 13 + 4 = ... ☐
- 3 × 8 = ... ☐
- 10 + 8 = ... ☐
- 17 + 6 = ... ☐
- 21 = 3 × .... ☐

Mon résultat : ....

Chrono 1 (1 min)

Date : ....

Faits numériques

- $3 \times ...... = 30$ ☐
- $4 \times ...... = 36$ ☐
- $4 \times 4 = ...$ ☐
- $13 = 7 + ...$ ☐
- $4 \times 6 = ...$ ☐
- $6 + 7 = ...$ ☐
- Moitié de 10 = ... ☐
- $5 + 7 = ...$ ☐
- $4 \times ...... = 20$ ☐
- Moitié de 6 = ... ☐
- $32 = 4 \times ......$ ☐
- $3 \times 5 = ...$ ☐
- Moitié de 4 = ... ☐
- $8 + 9 = ...$ ☐

Mon résultat : ....

Chrono 2 (3 min)

Date : ....

Procédures

- $13 + 9 = ...$ ☐
- $18 - 4 = ...$ ☐
- $19 + 27 = ...$ ☐
- $67 + 9 = ...$ ☐
- $36 - 5 = ...$ ☐
- $58 - 3 = ...$ ☐
- $258 + 10 = ...$ ☐
- $56 + 29 = ...$ ☐
- $97 - 2 = ...$ ☐
- $205 + 19 = ...$ ☐
- $10 + 152 = ...$ ☐
- $32 + 19 = ...$ ☐

Mon résultat : ....

Chrono 3 (3 min)

Date : ....

Faits numériques et procédures

- Moitié de 20 = ... ☐
- $5 \times 7 = ...$ ☐
- $35 + 35 = ...$ ☐
- $5 \times .... = 10$ ☐
- $4 \times 9 = ...$ ☐
- $5 \times 8 = ...$ ☐
- $5 \times .... = 30$ ☐
- $45 + ... = 90$ ☐
- $250 + 250 = ...$ ☐
- $28 = 14 + ...$ ☐
- $15 = 5 \times ....$ ☐
- $5 \times .... = 35$ ☐
- Moitié de 18 = ... ☐
- $5 \times 9 = ...$ ☐
- Moitié de 10 = ... ☐

Mon résultat : ....

Chrono 1 (1 min)

Date : ....

Faits numériques

- 6 × 3 = ... ☐
- 11 + 11 = ... ☐
- 6 × 9 = ... ☐
- 6 × ...... = 12 ☐
- 6 × ...... = 48 ☐
- 9 + 8 = ... ☐
- 60 = 6 × ...... ☐
- Moitié de 80 = ... ☐
- 6 × ...... = 24 ☐
- Moitié de 60 = ... ☐
- Moitié de 40 = ... ☐
- 6 × 7 = ... ☐
- 13 + ... = 24 ☐
- 7 × 2 = ... ☐
- 36 = 6 × ...... ☐

Mon résultat : ....

Chrono 2 (3 min)

Date : ....

Procédures

- 29 × 10 = ... ☐
- 478 – 6 = ... ☐
- 78 × 10 = ... ☐
- 457 + 6 = ... ☐
- 98 + 29 = ... ☐
- 75 × 10 = ... ☐
- 10 × 14 = ... ☐
- 84 + 29 = ... ☐
- 226 – 9 = ... ☐
- 29 + 143 = ... ☐
- 673 + 7 = ... ☐
- 19 + 702 = ... ☐

Mon résultat : ....

Chrono 3 (3 min)

Date : ....

Faits numériques et procédures

- 456 + 30 = ... ☐
- 7 × 4 = ... ☐
- 491 – 50 = ... ☐
- 275 – 60 = ... ☐
- 7 × 6 = ... ☐
- 254 + 40 = ... ☐
- 14 = 7 × .... ☐
- 267 + 3 = ... ☐
- 7 × .... = 49 ☐
- 127 + 29 = ... ☐
- 7 × .... = 21 ☐
- .... + 4 = 12 ☐
- 7 × 9 = ... ☐
- 10 × .... = 360 ☐
- 49 = 7 × .... ☐

Mon résultat : ....

Chrono 1 — 1 min

Date : ....

Faits numériques

- 25 × 2 = ... ☐
- 8 × 2 = ... ☐
- 300 + 300 = ... ☐
- 8 × 8 = ... ☐
- Moitié de 500 = ... ☐
- 8 × .... = 72 ☐
- 70 = 2 × .... ☐
- 250 + 250 = ... ☐
- 8 × .... = 32 ☐
- 2 × .... = 12 ☐
- 8 × 10 = ... ☐
- 2 × 16 = ... ☐
- Moitié de 300 = ... ☐
- 49 = 7 × .... ☐
- 80 = 10 × .... ☐

Mon résultat : ....

Chrono 2 — 3 min

Date : ....

Procédures

- 10 × .... = 440 ☐
- 56 × 10 = ... ☐
- 457 + 8 = ... ☐
- 636 + 9 = ... ☐
- 254 + 29 = ... ☐
- 628 − 6 = ... ☐
- 7 + 338 = ... ☐
- 99 × 10 = ... ☐
- 750 = ... × 10 ☐
- 529 + 19 = ... ☐
- 10 × .... = 560 ☐
- 81 × 10 = ... ☐

Mon résultat : ....

Chrono 3 — 3 min

Date : ....

Faits numériques et procédures

- 437 + 9 = ... ☐
- 9 × 1 = ... ☐
- 10 × .... = 540 ☐
- 3 × 25 = ... ☐
- 978 − 40 = ... ☐
- 9 × .... = 36 ☐
- 628 + 29 = ... ☐
- 9 × 7 = ... ☐
- 882 + 9 = ... ☐
- 25 × .... = 100 ☐
- 0 × 9 = ... ☐
- 9 × .... = 81 ☐
- 9 × 2 = ... ☐
- 2 × 25 = ... ☐
- 90 + 45 = ... ☐

Mon résultat : ....

Chrono 1 (1 min)

Date : ....

Faits numériques

- Moitié de 100 = ... ☐
- $9 \times$ ...... $= 81$ ☐
- $6 \times 3 =$ ...... ☐
- $1\,000 = 2 \times$ ...... ☐
- $500 +$ ...... $= 1\,000$ ☐
- $2 \times$ ...... $=$ ...... ☐
- $2 \times 150 =$ ...... ☐
- $45 +$ ...... $= 90$ ☐
- $8 \times$ ...... $= 72$ ☐
- $8 \times$ ...... $= 64$ ☐
- $56 = 7 \times$ ...... ☐
- $6 \times 9 =$ ...... ☐
- Moitié de 400 = ... ☐
- $4 \times$ ...... $= 24$ ☐
- $9 \times$ ...... $= 54$ ☐

Mon résultat : ....

Chrono 2 (3 min)

Date : ....

Procédures

- $11 \times 5 =$ .... ☐
- $971 + 9 =$ .... ☐
- $10 \times 77 =$ .... ☐
- $6 \times 12 =$ .... ☐
- $847 + 29 =$ .... ☐
- $956 - 40 =$ .... ☐
- $13 \times 3 =$ .... ☐
- $848 + 40 =$ .... ☐
- $429 + 29 =$ .... ☐
- $7 \times 14 =$ .... ☐
- $921 + 19 =$ .... ☐
- $29 + 344 =$ .... ☐

Mon résultat : ....

Chrono 3 (3 min)

Date : ....

Faits numériques et procédures

- $35 \times$ ..... $= 70$ ☐
- Moitié de 1 000 = ... ☐
- $9 \times 4 =$ ...... ☐
- Moitié de 28 = ... ☐
- $90 = 9 \times$ ...... ☐
- $100 = 4 \times$ ...... ☐
- $500 \times 2 =$ ...... ☐
- $817 + 80 =$ ...... ☐
- $19 \times 9 =$ ...... ☐
- $8 \times 8 =$ ...... ☐
- $928 - 3 =$ ...... ☐
- $674 + 30 =$ ..... ☐
- $18 \times 7 =$ ...... ☐
- $999 - 70 =$ ...... ☐
- $726 - 9 =$ ...... ☐

Mon résultat : ....

Chrono 1 — 1 min

Table de 4

$4 \times 10 =$ .... ☐
$7 \times 4 =$ .... ☐
$3 \times 4 =$ .... ☐
$4 \times 9 =$ .... ☐
$4 \times 5 =$ .... ☐
$4 \times 6 =$ .... ☐
$2 \times 4 =$ .... ☐
$4 \times 4 =$ .... ☐

Mon résultat : ....

Chrono 2 — 1 min

Table de 5

$2 \times 5 =$ .... ☐
$7 \times 5 =$ .... ☐
$5 \times 3 =$ .... ☐
$8 \times 5 =$ .... ☐
$5 \times 5 =$ .... ☐
$5 \times 9 =$ .... ☐
$5 \times 4 =$ .... ☐
$6 \times 5 =$ .... ☐

Mon résultat : ....

Chrono 3 — 1 min

Table de 6

$6 \times 5 =$ .... ☐
$7 \times 6 =$ .... ☐
$8 \times 6 =$ .... ☐
$6 \times 6 =$ .... ☐
$6 \times 2 =$ .... ☐
$6 \times 3 =$ .... ☐
$4 \times 6 =$ .... ☐
$9 \times 6 =$ .... ☐

Mon résultat : ....

Chrono 4 — 1 min

Table de 7

$7 \times 10 =$ .... ☐
$8 \times 7 =$ .... ☐
$7 \times 4 =$ .... ☐
$7 \times 9 =$ .... ☐
$7 \times 5 =$ .... ☐
$6 \times 7 =$ .... ☐
$2 \times 7 =$ .... ☐
$7 \times 7 =$ .... ☐

Mon résultat : ....

Chrono 5 — 1 min

Table de 8

$2 \times 8 =$ .... ☐
$7 \times 8 =$ .... ☐
$8 \times 3 =$ .... ☐
$8 \times 8 =$ .... ☐
$6 \times 8 =$ .... ☐
$8 \times 9 =$ .... ☐
$8 \times 4 =$ .... ☐
$8 \times 8 =$ .... ☐

Mon résultat : ....

Chrono 6 — 1 min

Table de 9

$9 \times 5 =$ .... ☐
$7 \times 9 =$ .... ☐
$8 \times 9 =$ .... ☐
$9 \times 9 =$ .... ☐
$9 \times 2 =$ .... ☐
$9 \times 3 =$ .... ☐
$4 \times 9 =$ .... ☐
$9 \times 6 =$ .... ☐

Mon résultat : ....

Crédits

Période 2 • 62 Wiskerke/Alamy

Période 3 • 75 L_B_Photography/Shutterstock, Lelivrescolaire.fr, **76** Lelivrescolaire.fr, Lelivrescolaire.fr, Lelivrescolaire.fr, Lelivrescolaire.fr, **79** Mikadun/Shutterstock, Joseph Hendrickson/Shutterstock, SSS55/Shutterstock, Zagardinova Anastasiya/Shutterstock, Elmer Laahne PHOTOGRAPHY/Shutterstock

Période 4 • 93 Monkey Business Images/Shutterstock, Monkey Business Images/Shutterstock, oneinchpunch/Shutterstock, **95** Lelivrescolaire.fr, Lelivrescolaire.fr, Lelivrescolaire.fr, Lelivrescolaire.fr, **105** Lelivrescolaire.fr, **106** BolshieBufera/Shutterstock

Période 5 • 142 Sergii Moscaliuk/AdobeImages

Autres : Freepik et Adobe Stock.

Direction éditoriale : Eline Cunibil.
Assistance éditoriale : Camille Lacour.
Contenus numériques : Guillaume Côte et Olivier Jacquelin.
Maquette : Julie Meister et Chloé-Van Santy.
Mise en page et infographies : Alice Caceres avec la participation de Coline Laffont.
Couverture : Sophie Palindrome (illustration), Carine André et Julie Meister (conception graphique).
Illustrations : Estelle Rattier et Sophie Palindrome (Méli et les quatre personnages).
Iconographie : Camille Lacour.
Retouches photo : Coline Laffont.
Relecture : Stéphanie Hourcade.
Typographie : Police SG Stylo. © 4 HEURES.

Avec la participation de : Virgile Lahu, Émilie Blanchard, Anatole Ertul, Loana Biasiolo, Clémence Leroux, Ghislaine Fagalde et Pauline Perrenoud.
Remerciements : Elanzize Assoumani, Thomas Pottier, Solène Chemana-Maillet, Mikaely Andrianandraina et Clément Teyssier pour leur travail sur la version numérique. Margaux Gély et Nicolas Hémard pour l'animation de la communauté.
Dépôt légal : avril 2025
ISBN : 979-10-400-0753-1

Lelivrescolaire.fr Éditions
14 rue Rhin et Danube
69009 Lyon
contact@lelivrescolaire.fr

Imprimé en France par BLG.
Impression : mars 2025